高等职业教育航空运输类专业系列教材

民航运输生产组织

（第二版）

赵晓硕　韩奋畴　主编

科学出版社
北京

内 容 简 介

本书结合民航一线的地面服务岗位，如值机、配载等，以岗位标准为依据，根据岗位的工作流程和规范设置内容体系，主要包括民航运输生产组织概述、值机业务、候机服务业务、行李运输业务、值机异常及不正常航班保障、实际业务载量配算、载重平衡工作、常用业务电报、计算机离港控制系统。

本书既可作为高等职业院校航空运输类专业的教学用书，也可作为民航一线工作人员考取民航相关技能等级证书的参考资料，还可作为航空知识爱好者的阅读资料。

图书在版编目（CIP）数据

民航运输生产组织 / 赵晓硕，韩奋畴主编．—2 版．—北京：科学出版社，2019.11

（高等职业教育航空运输类专业系列教材）

ISBN 978-7-03-063365-1

Ⅰ. ①民… Ⅱ. ①赵… ②韩… Ⅲ. ①民用航空－旅客运输－生产组织－高等职业教育－教材 Ⅳ. ① F560.6

中国版本图书馆 CIP 数据核字（2019）第255382号

责任编辑：高立凤　袁星星 / 责任校对：王万红

责任印制：吕春珉 / 封面设计：东方人华平面设计部

科学出版社 出版

北京东黄城根北街16号

邮政编码：100717

http://www.sciencep.com

三河市中晟雅豪印务有限公司印刷

科学出版社发行　各地新华书店经销

*

2016年1月第 一 版　开本：787×1092 1/16

2019年11月第 二 版　印张：14 1/4　插页：2

2023年1月第五次印刷　字数：337 000

定价：40.00 元

（如有印装质量问题，我社负责调换〈中晟雅豪〉）

销售部电话 010-62136230　编辑部电话 010-62135763-2052（VZ22）

高等职业教育航空运输类专业系列教材
编写指导委员会

序

PREFACE

伴随着中国经济社会的发展和人力资源需求的变化，职教界积极应对经济发展的形势，促成了中国职教改革背景的产生。在教高〔2006〕16号文件指引下，高职教育率先迈出了改革步伐，人才培养质量工程得以实施，基于工作过程的职教改革思想得以贯彻。随着一百所高职示范院校的建设成功，大量的教改成果和教改思想涌现出来，极大地推动了全国高职教育的发展步伐。

高职教育的培养目标，是培养合格的高技能人才，即千百万从事生产、建设、管理、服务第一线工作的高素质技能型人才。原有的职业教育体制没有区分出科学研究型教育、工程设计型教育和职业技能型教育的特点，均以学科化讲授式的教育方式育人，导致学生的个性发展与未来岗位对其的要求难以吻合，职业教育培养出的人才需要在企业重新接受现场培训后才能上岗，且职业能力和职业素养发展参差不齐。为此，我国高职教育在借鉴世界职教先进国家的教育经验特别是近年对德国职教理念进行了较为深入的研究后，走上了一条具有中国特色的改革之路。改革的主导思想是：以岗位工作的各项要素为基础，以典型工作任务为平台整合能力目标和知识点组织教学内容，注重学生知识运用和解决问题、自我发展能力的培养；以任务驱动、项目导向的教学方式，替代原有的以课堂知识讲授引领的教学形式；强调学生职业岗位工作任务的胜任度。

航空运输类专业系列教材即是在这一背景下产生的。高职专业是对社会职业的概括和提炼，航空运输类专业服务于民航业高素质服务人才培养的需要。本套系列教材紧密围绕职业教育培养目标，遵循职业教育教学规律，其选题以满足行业发展对高素质技能型人才的需求为出发点，做到"实用、适用"；内容选取对接企业实际工作任务中知识、能力、素质要求，涵盖了民用航空运输业主要工作岗位的人才培养需求；课程内容与行业从业标准相对接，在结构、内容及方法等方面进行了改革及创新。

本套系列教材既注重学生专业技能的培养，更注重职业素养的养成，同时关注行业先进技术在社会各领域中的应用；包括《民航基础》《民用航空法基础》《民航服务心理与实务》《民航服务与人际沟通》《民航英语基础教程》《民航客运英语教程》《民航乘务英语教程》《民航国内客票销售》《民航货物运输》《民航旅客运输》《服务礼仪》《空乘职业技能与训练》《机场服务》《航线地理》《形体塑造与展示》《职业形象塑造》《空乘口语与播音》

《饮食营养与卫生》《航空服务营销》《航空港概论》《航空服务面试技巧》《民航商务运输基础》《民航运输生产组织》《客舱安全与应急处置》《航空保健与急救》《民用航空法案例教程》。

本套系列教材体现工作过程导向，并符合高技能、应用型人才培养的目标和相关专业领域的职业岗位（群）的任职要求；内容设置科学实用，突出了针对性、适用性和创新性，为学生的可持续发展奠定良好的基础；在此基础上，把学生职业能力的培养和素质养成放在重要位置来考虑，满足职业性、实践性和开放性的教学要求。

本套教材设计独树一帜，目标定位准确；每本教材的内容以真实岗位工作任务为基础设计教学单元；每个单元中均设计了综合性的实训任务，以知识、能力、素质目标为主，配合知识要点、实训任务，穿插知识拓展、课堂练习，各章有小结。有关部分配备了可供教师扩展发挥的教学提示，以供不同专业教师选用、参考。

科学出版社先后两次召开由民航业资深专家、参编学校骨干教师、企业代表参加的审纲会，对本套教材的选题、选题内容、各选题的衔接及编写体例进行了充分论证。本套教材的编者，既有在职教战线工作多年、直接参与了高职教育改革且具有丰富经验的资深教师，也有具备企业专业技术工作背景、又有丰富教学经验的双师素质教师。来自行业企业的领导和专家对本套教材进行指导。因此，本套教材融合了教育界的改革成果和企业界的专业技术，紧密结合行业标准和工作实际，与国家职业资格考试制度接轨，充分反映了目前高职教育改革的阶段成果，是编者们经验和高职示范院校教学改革成果的结晶。

本套教材的体系体现了目前高职航空服务类课程教学改革思想和理念，与旅游服务、民航运输的工作内容相连接，既代表了高端服务领域——航空服务的技术规范，又为相关各拓展领域专业的教学提供参考。

本套教材能够较好地满足高职航空服务专业及相关的空中乘务、民航运输等航空运输类专业课程的教学需要，也可作为中职航空服务类课程教学和企业专项技能培训的参考资料。

高等职业教育航空运输类专业系列教材编写指导委员会

2017年2月

第二版前言

FOREWORD

随着科技的发展，教育教学改革的不断深化，高校教材更要与时俱进，适应社会、行业和企业的新要求。《民航运输生产组织》一书自出版后，得到了众多高职院校的关注和使用，为进一步充分体现“实用、适用”的教学理念，适应现代化教学的新需求，编者在保留《民航运输生产组织》框架的基础上，主要从以下几个方面进行了较大的修改。

一是校对了全书的文字，而且对书中计算部分的细节进行了详细的考证，改正了个别谬误。二是对全书文字、图片、表格中的数据进行了核实，并更新了部分内容。三是对部分专业化术语、表述方式等增加了解释说明。

本书是为航空运输类专业编写的教材，同时可作为民航一线从事民航运输生产组织工作的在职人员学习及考取民航相关技能等级证书的参考资料，也可作为航空知识爱好者的学习资料。本书内容广泛，应用性和可操作性强，操作流程和方法具有系统性和规范性，易懂、易学，为有志于民航强国战略的实施及“四型”机场建设的人才提供优质的学习资源。

本书由赵晓硕、韩奋畴任主编，胡宝丹参编，具体编写分工如下：本书的第一章、第六至八章由赵晓硕编写，第二至五章、第九章由韩奋畴编写；胡宝丹参与第四章部分内容的编写及校稿；全书由赵晓硕统稿。

在本书的编写过程中，三亚航空旅游职业学院领导给予了高度重视和帮助，同时海南航空控股股份有限公司、中国南方航空股份有限公司、北京首都航空有限公司、三亚凤凰国际机场有限责任公司、海南民航凯亚有限公司三亚分公司给予了大力支持，在此表示衷心的感谢！

由于编者学识有限和时间紧迫，书中不足之处在所难免，欢迎各位专家和广大读者批评指正。

第一版前言

FOREWORD

从 1949 年至今，我国民航业取得了长足的发展。特别是改革开放以来，民航市场化改革循序渐进，使我国民航业在航空运输、通用航空、机队规模、航线布局、法制建设以及运输保障等方面实现了持续、快速、健康发展，取得了举世瞩目的伟大成就。

民航运输生产组织是民航运输过程的重要环节，因此对相关工作人员的教育培训显得尤为重要。本书将理论和实践紧密结合，首先对民航地面服务工作进行介绍，之后逐步阐述民航运输生产组织的方式、方法，并详细介绍办理乘机手续、配载平衡等相关工作，为学生未来走上工作岗位打下坚实的基础。本书内容广泛，知识具有系统性和规范性，应用性和可操作性很强，有利于提高学生的业务操作能力。

本书共分为九章，第一章介绍了民航运输生产组织的基本概念及组织的方式、方法；第二章详细讲解了值机业务的工作内容和工作流程；第三章介绍了候机服务业务；第四、五章介绍了办理乘机手续过程涉及的行李运输服务及运输过程中不正常情况的处理；第六章从计划运输和合理运输的角度讲解了实际业务载量的配算；第七章介绍了如何运用载重平衡的相关原理进行不同机型的载重平衡配算工作；第八章介绍了民航常用电报的格式及内容；第九章着重介绍了计算机控制离港系统的功能和操作。

本书由赵晓硕任主编，韩奋畴任副主编。具体编写分工如下：第一、六至八章由赵晓硕编写，第二至五章、第九章由韩奋畴编写；全书由赵晓硕统稿。

在本书编写过程中，三亚航空旅游职业学院领导给予了高度重视和帮助，同时海南航空控股股份有限公司、中国南方航空股份有限公司、北京首都航空有限公司、三亚凤凰国际机场有限责任公司、海南民航凯亚有限公司三亚分公司给予了大力支持，在此表示衷心的感谢！

由于编者学识有限和时间紧迫，书中不足之处在所难免，欢迎广大读者批评指正。

编　者

2018 年 8 月

目　录

CONTENTS

第一章 民航运输生产组织概述

第一节 民航系统

民用航空简称民航，是指使用各类航空器从事军事性质（包括国防、警察和海关）以外的所有航空活动。这个概念明确了民用航空是航空的一部分，同时以“使用”航空器界定了它和航空制造业的界限，用“非军事性质”表明了它与军事航空的不同。

一、民用航空的分类

人类祖先挑战天空的历程从发明火药开始，经过漫长岁月的努力和无数次实验，人类展翅飞翔的梦想逐步成为现实。1903 年 12 月 17 日，莱特兄弟发明的人类历史上第一架动力推进载人飞机试飞成功，开辟了人类挑战天空的新纪元。人类征服天空造福于人类，航空已经成为国民经济的重要组成部分。民用航空可分为通用航空和商业航空两大类。

1. 通用航空

通用航空是指使用航空器从事公共航空运输以外的所有非军事用途的航空活动。换句话说，通用航空是指利用航空器（飞机、直升机、热气球、汽艇等）从事公共航空运输以外的所有民用航空的航空活动，具体可以分为六大类。

（1）工业航空。使用航空器进行与工业有关的各种活动，具体的应用有航空摄影、航空遥感、航空物理探矿、空中巡逻、空中吊装作业、空中广告等。

（2）农业航空。执行农、林、牧、渔各行业的航空服务任务，具体的应用有飞机播种、航空护林、渔情通报和空投鱼苗、野生动物监护、航空喷洒农药和化肥等。

（3）石油航空。使用飞机或直升机在海上、高原、高寒地区、沙漠等人烟稀少、交通不便地区为石油勘探开发工作服务。

（4）社会非经营性航空。由政府部门或相关机构负责的社会公益性事业，具体的应用有大气监测、海洋监测、防恐反暴、医疗救护、抢险救灾等。

（5）飞行训练。培养除了空军飞行员以外的各类飞行人员和飞行爱好者。

（6）中国航空体育运动。各类与航空器有关的体育活动，如滑翔运动、跳伞运动、热气球运动、航空模型运动等。

2. 商业航空

商业航空也称航空运输，是使用各类航空器运送人员、货物、邮件的一种运输方式，具有速度快、安全舒适、机动性强、国际性强、投资少、见效快等特点。它的经营性表明这是一种以营利为目的的商业活动。航空运输是目前世界上发展最快的一种运输方式，适用于中远距离的客运、货运，国际贸易中的贵重物品、鲜活货物和精密仪器等的运输任务都需要航空运输业来承担。

二、民用航空系统的构成

民用航空系统组织结构庞大复杂，有事业性政府机构，有企业性质的航空公司及其正常运营所需的相关企业，还有公共基础设施（民航机场），只有各机构协调运行才能保证民用航空事业的有序发展。民用航空系统主要由 3 部分构成，即政府部门、民航企业、民航机场。

1. 政府部门

民用航空对安全的要求非常高，涉及国家主权和国际交往的事务较多，要求组织、协调、管理民航运输活动，因此每个国家都设有独立的政府机构来管理民航事务。随着国际民航业的发展，世界上不少地区先后成立了区域性国际民航运输管理机构，制定本地区民航运输活动的行为规范，协调本地区国家间民航运输业务关系，以保障本地区航空运输的航行安全、公平竞争和有序发展。

1）国际民航运输管理机构

各国之间通过民航管理机构协调管理，在国际民航活动中实行统一的技术标准、航行规则、操作规范，执行统一的价格体系、价格标准、票据规格和代码标准，遵循统一的国际法规准则，以公正处理国际航空事务。

（1）国际民用航空组织。国际民用航空组织（International Civil Aviation Organization, ICAO）（简称“国际民航组织”，见图 1-1）成立于 1947 年，是联合国组织系统中负责处理国际民航事务的专门机构。总部设在加拿大蒙特利尔，截至 2019 年 4 月已有 193 个缔约国。其主要活动是研究国际民用航空的问题，制定民用航空的国际标准和规章，鼓励使用安全措施、统一业务规章和简化国际边界手续，同时保障《国际民用航空公约》（通称《芝加哥公约》）的实施，不断发展国际航行的原则和技术，促进国际航空运输的规划和发展。

图 1-1　国际民用航空组织标识

我国是国际民航组织的创始成员国之一。我国于 1944 年 11 月 9 日签署了《芝加哥公约》，并于 1946 年 2 月 20 日交存了批准书，成为国际民航组织的创始成员国。1974 年 9 月 24 日～10 月 15 日，中国代表团出席了国际民航组织第 21 届会议并当选为理事国。在

2004 年 9 月举行的第 35 届国际民航组织大会上，我国当选为一类理事国。2019 年 9 月 28 日，我国在国际民航组织第 40 届大会上第六次连任一类理事国。

（2）国际航空运输协会。国际航空运输协会（International Aviation Transport Association，IATA）（图 1-2）是从事国际民航定期航班的航空公司之间的国际性行业组织，总部设在加拿大蒙特利尔。其主要职能是执行国际民航组织制定的国际标准和规范，制定国际航空客货运输价格，统一运载规则、运输手续和票据格式，协助航空公司之间财务结算和法律事务，促进航空公司之间的合作交流，协助发展中国家的航空公司进行人员培训。

图 1-2 国际航空运输协会标识

1993 年，中国国际航空公司、东方航空公司和南方航空公司正式加入了国际航空运输协会。此后，我国其他航空公司也相继加入了国际航空运输协会。

（3）国际机场理事会。国际机场理事会（Airports Council International，ACI）原名为国际机场联合协会（Airports Association Council International），于 1991 年 1 月成立，1993 年 1 月 1 日改称现名。国际机场理事会是全世界所有机场的行业协会，是一个非营利性组织，其宗旨是加强各成员与全世界民航业各个组织和机构的合作，包括政府部门、航空公司和飞机制造商等，并通过这种合作，促进建立一个安全、有效、与环境协调的航空运输体系。

（4）其他国际性民航组织。除了上述国际民航管理机构外，还有很多非政府性的地区或跨地区的民航管理机构，负责协调本地区的民航事务，以保护本地区的航空运输管理事务。

2）我国民航运输管理机构

我国民航运输管理机构主要有中国民用航空局、中国航空运输协会、中国民用机场协会等。

图 1-3 中国民用航空局标识

（1）中国民用航空局。我国政府管理和协调中国民航运输业发展的职能部门是中国民用航空局（Civil Aviation Administration of China，CAAC）（以下简称“中国民航局”，见图 1-3），归中华人民共和国交通运输部（以下简称“交通运输部”）管理。其主要职责如下。

① 提出民航行业发展战略和中长期规划，以及与综合运输体系相关的专项规划建议，按规定拟订民航有关规划和年度计划并组织实施和监督检查。起草相关法律法规草案、规章草案、政策和标准，推进民航行业体制改革工作。

② 承担民航飞行安全和地面安全监管责任。

③ 负责民航空中交通管理工作。编制民航空域规划，负责民航航路的建设和管理，负责民航通信导航监视、航行情报、航空气象的监督管理。

④ 承担民航空防安全监管责任。负责民航安全保卫的监督管理，承担处置劫机、炸机

及其他非法干扰民航事件相关工作，负责民航安全检查、机场公安及消防救援的监督管理。

⑤ 拟订民用航空器事故及事故征候标准，按规定调查处理民用航空器事故。

⑥ 负责民航机场建设和安全运行的监督管理。负责民用机场的场址、总体规划、工程设计审批和使用许可管理工作，承担民用机场的环境保护、土地使用、净空保护有关管理工作，负责民航专业工程质量的监督管理。

⑦ 承担航空运输和通用航空市场监管责任。监督检查民航运输服务标准及质量，维护航空消费者权益，负责航空运输和通用航空活动有关许可管理工作。

⑧ 拟订民航行业价格、收费政策并监督实施，提出民航行业财税等政策建议。监测民航行业经济效益和运行情况，负责民航行业统计工作。

⑨ 组织民航重大科技项目开发与应用，推进信息化建设。指导民航行业人力资源开发、科技、教育培训和节能减排工作。

⑩ 负责民航国际合作与外事工作，维护国家航空权益，开展与我国港澳台地区的交流与合作。

⑪ 管理民航地区行政机构、直属公安机构和空中警察队伍。

⑫ 承办国务院及交通运输部交办的其他事项。

图 1-4　中国航空运输协会标识

（2）中国航空运输协会。中国航空运输协会（China Air Transport Association，CATA）（以下简称“中国航协”，见图 1-4），成立于 2005 年 9 月 9 日，是依据我国有关法律规定，由中国航空集团公司牵头，中国东方航空集团公司、中国南方航空集团公司、海南航空股份公司、上海航空股份公司、中国民用航空学院、厦门航空有限公司、深圳航空有限责任公司、四川航空股份公司八家航空运输企业和一家民航院校共同发起设立，以民用航空公司为主体，由企事业法人和社团法人自愿参加的行业性的、不以营利为目的的全国性社团法人。截至 2019 年 6 月，共有协会会员 3688 家，其中本级会员 103 家，分支机构会员 3585 家。行业主管部门为中国民航局。中国航协的业务范围和主要职责如下。

① 宣传、贯彻党和国家关于民航业的路线方针政策、法律法规、标准制度及有关文件精神。

② 研究国际、国内民航市场发展形势、经济形势和世界动向，探讨航空运输企业建设、改革和发展中的理论与实践问题，在改革开放、发展战略、产业政策、科技进步、市场开拓、技术标准、行业立法等方面，为政府提供信息，并及时向政府有关部门反映会员单位的意见和建议。通过政策性建议，争取政府有关部门的指导和支持，为航空运输企业提供管理咨询等。

③ 根据政府主管部门的授权、委托及会员单位的要求，对有关专业人员进行培训和资质、资格认证。

④ 传播国际、国内航空运输企业先进文化，组织举办航展、会展。

⑤ 编辑出版协会刊物，为会员单位及航空理论专家、学者、业内人士提供知识、经验、学术交流平台。

⑥ 组织国内外培训考察活动，开展会员单位间的业务交流与合作，促进航空运输企业核心竞争力的提高和持续发展。

⑦ 协调会员单位之间各方面的关系，建立起公平竞争、相互支持的经济关系。

⑧ 协助政府主管部门和会员单位，加强海峡两岸民航界的联系和交流。

⑨ 督导做好航空销售代理人的自律工作，监督并约束会员单位业务代理的行为规范，反对不正当竞争，维护航空运输企业的合法权益。

⑩ 在飞机引进、市场准入、基地设置等资源配置方面，为政府主管部门和航空运输企业提供评估报告，作为其决策依据之一。

⑪ 政府有关部门委托承办的其他业务。

（3）中国民用机场协会（图 1-5）。中国民用机场协会（China Civil Airports Association, CCAA）是以中国民用机场为主体，由全国民用机场、相关企事业法人和社团法人自愿结成的全国性、行业性、非营利性的社会组织，在业务上接受中国民航局指导，是经民政部核准登记注册的社团法人。协会成立于 2006 年 9 月，总部设在北京。截至 2019 年 7 月，协会共有会员单位 316 个，其中机场会员 231 家，非机场会员 85 家。常务理事单位 31 个，理事单位 88 个。协会的主要职责和业务范围如下。

图 1-5　中国民用机场协会标识

① 宣传、贯彻国家关于民用机场行业发展的政策、法律、法规、标准。

② 研究国内外民用机场建设、管理等发展趋势，提出国内民用机场发展等方面的建议。

③ 举办多种形式的与民用机场业务相关的技术交流活动、咨询和评比服务，为会员单位提供机场运营的管理咨询，开展国内外与机场业务相关的信息收集、分析和交流，加强国内外机场间的交流与合作。

④ 传播国内外机场先进管理经验。经政府有关部门授权或批准，组织与机场相关的会展、论坛，为会员单位提供交流平台。

⑤ 受政府委托，起草中国机场行业标准；经行业主管部门授权或委托，对会员单位有关人员进行培训和岗位资质认证；在取得相应资质后对机场专用设备开展合格性检验。

⑥ 根据政府有关部门的授权或委托，对机场重大建设项目进行可行性研究等论证工作，配合相关部门做好项目的前期工作。针对机场行业发展实际，开展行业相关课题的调查研究，向行业主管部门提出政策建议。

⑦ 依照有关规定，编辑出版协会刊物、相关信息，办好协会网站。

⑧ 承担行业主管部门交办的其他业务。

2. 民航企业

民航企业是指从事民航相关的各类企业，其中最主要的是航空公司，其他民航企业还有民航运输保障企业。

1）航空公司

航空公司是利用航空器为主要运载工具从事一线生产运输，为社会机构和公众提供服务并获取收入的企业。航空运输是民航业生产收入的主要来源。

随着航空公司之间、航空运输与地面运输之间的竞争加剧，现在的航空公司已从单一经营客货运输业务发展为多元化经营的综合型企业，不仅有国际、国内、定期、不定期航班，而且开展旅游、物流、房地产、餐饮服务等业务，以增加收入并提高竞争力和抵御风险能力，成为人员、资金、技术和风险度高密集的运输服务型企业。航空公司的基本业务职能包括 4 个部分：①负责处理全公司有关飞行和空中服务的事务；②负责保持航空公司航空器处于适航和完好状态，并保证航空器能够安全运行；③负责航空公司整个运输的销售、集散和服务环节；④负责整个航空公司的管理和运行。

我国主要的航空公司简介如下。

图 1-6　中国国际航空股份有限公司标识

（1）中国国际航空股份有限公司。中国国际航空股份有限公司简称“国航”（图 1-6），英文名称为 Air China Limited，简称 Air China，其前身中国国际航空公司成立于 1988 年。2002 年 10 月，中国国际航空公司联合中国航空总公司和中国西南航空公司，成立了中国航空集团公司。国航是我国唯一载国旗飞行的民用航空公司，是世界最大的航空联盟——星空联盟成员，在航空客运、货运及相关服务诸方面，均处于国内领先地位。

截至 2019 年 6 月 30 日，国航（含控股公司）共拥有以波音、空中客车为主的各型飞机 676 架，平均机龄 6.81 年；经营客运航线已达 766 条，其中国际航线 132 条，地区航线 29 条，国内航线 605 条；通航国家（地区）41 个，通航城市 190 个，其中国际城市 67 个，地区城市 3 个，国内城市 120 个；通过与星空联盟成员等航空公司的合作，将服务进一步拓展到 193 个国家的 1317 个目的地。

图 1-7　中国南方航空股份有限公司标识

（2）中国南方航空股份有限公司。天合联盟成员中国南方航空股份有限公司（以下简称“南航”，见图 1-7），总部设在广州，是中国运输飞机最多、航线网络最发达、年客运量最大的航空公司。截至 2019 年 10 月，南航运营包括波音 787、777、737 系列，空客 A380、A330、A320 系列等型号客货运输飞机超过 850 架，是全球首批运营空客 A380 的航空公司。机队规模居亚洲第一、世界第三。

图 1-8　中国东方航空集团有限公司标识

（3）中国东方航空集团有限公司。中国东方航空集团有限公司（以下简称“东航集团”，见图 1-8）总部位于上海，是我国三大国有骨干航空运输集团之一。2002 年，以原东航集团公司为主体，在兼并原中国西北航空公司及联合原云南航空公司的基础上组建中国东方航空集团有限公司。

截至 2019 年 7 月，东航集团拥有大中型飞机 566 架，经过数年的调整优化和资源整合，已基本形成以民航客货运输服务为主，通用航空、航空食品、进出口、金融期货、机场投资等业务为辅的航空运输集成服务体系。作为东航集团核心主业的中国东方航空股份有限公司每年为全球1.3亿人次的旅客提供服务，旅客运输量位列全球第五。作为天合联盟成员，东航集团已构建了以上海为核心枢纽，通达世界175个国家、1150个目的地的航空运输网络。

（4）海南航空控股股份有限公司。海南航空控股股份有限公司（以下简称“海南航空”，见图1-9）于1993年成立，是在中国改革开放时代背景下快速成长起来的大型跨国企业集团。海南航空历经20余年的发展，旗下航空运输企业机队总规模逾900架，开通国内外航线680余条，通航城市210余个，年旅客运输量6822万人次。运营管理海南航空、天津航空、金鹿公务、祥鹏航空、首都航空、西部航空、福州航空、乌鲁木齐航空、北部湾航空、扬子江快运、myCARGO、加纳AWA航空、法国蓝鹰航空等航空公司。

图1-9 海南航空控股股份有限公司标识

2019年，海南航空已连续九年获得SKYTRAX五星航空公司荣誉称号，创造了连续安全运营26年的纪录，金鹿公务是唯一荣获ARGUS铂金五星与IS-BAO双项认证的专业公务机公司，拥有亚洲首屈一指的公务机队。

（5）其他航空公司。除四大航空集团外，我国还有厦门航空、四川航空、春秋航空、奥凯航空、吉祥航空等航空公司。

2）民航运输保障企业

民航运输保障企业的业务主要是围绕航空公司正常运营所开展的相关民航运输事务。

（1）中国民航信息集团有限公司（China TravelSky Holding Company，CTH）。2002年9月26日，经国务院批准，中国民航信息集团有限公司成立。中国民航信息集团有限公司是国家授权投资机构和国有控股公司。目前主要业务如下：面向航空运输企业、机场、销售代理人、旅游企业及国际组织等，提供电子分销、数据处理、结算清算；计算机产品的研发、生产、销售、技术服务、培训、咨询等延伸业务；国内外广告、展览、房地产开发、对外劳务合作、投融资等辅助业务。

（2）中国航空油料集团有限公司。中国航空油料集团有限公司成立于2002年10月11日，是以原中国航空油料总公司为基础组建的国有大型航空运输服务保障企业，是国内最大的集航空油品采购、储运、销售、加注于一体的航油供应商，是国务院国有资产监督管理委员会所属的中央企业。

（3）中国航空器材集团有限公司。中国航空器材集团有限公司是在中国航空器材进出口总公司基础上组建的，以民用航空产品进出口业务为主的综合性服务保障企业。经营飞机、发动机、航空器材、各种设备、特种车辆的进出口、租赁、维修、寄售，以及与民用航空有关的各种工业产品和原材料的进出口业务，从事与此相关的招投标、国内外投融资、技术咨询、培训、服务、展览、航空表演业务，开展合资经营、合作生产、加工装配，以及多种形式的对外贸易。

3. 民航机场

民航机场亦称航空港，为专供航空器起飞、降落、滑行、停放及进行其他活动使用的划定区域，包括附属建筑物、装置和设施。机场有不同的规模，除了跑道，机场通常还设有塔台、停机坪、航空客运站、维修厂等设施，并提供机场管制、空中交通管制等其他服务。截至 2018 年年底，我国共有颁证民航机场 233 个（不包括香港、澳门和台湾地区）。

机场作为民航运输体系中的重要组成部分，是衔接民航运输市场供给和需求的纽带，是一个地区的公众服务设施。机场既带有营利的企业性质，同时也带有为地区公众服务的事业性质。世界上大多数的机场是由国家、地区或当地政府所有，然后交由私人机构运营，如英国航空管理局有限公司管理了 7 座英国的商业机场和一些英国境外的机场。

第二节　民航运输生产组织的工作内容和流程

民航运输生产组织是利用航空公司现有的机型和舱位构成，将旅客、货物、行李、邮件在已有的航线上运送至旅客或者货主所需的目的站的过程。

民航运输生产组织工作的主要任务是在保证航班安全运输的前提下，一方面充分满足旅客的服务需求，提高航空运输服务产品的质量，在不正常运输的情况下，尽量避免给旅客造成不便或者经济损失；另一方面充分利用航空公司的运力，合理分配业务载量，做好载重平衡工作，最大限度地提高企业的生产效益。因此，民航运输生产组织的好坏能直接反映航空运输企业的服务质量和经营管理水平，决定航空运输企业的信誉和市场竞争力。

一、民航运输生产组织的工作内容

民航运输生产组织的工作内容主要如下。

1. 客票销售

在充分了解航班可用业务载量的情况下，按照航班计划进行航班客票销售工作，如果确定航班还有剩余座位或者剩余吨位，可以再出售或者接受签转的客票，以提高飞机的载运率和客座率。

2. 为旅客办理进出港手续

进出港手续主要包括值机、安全检查、登机口服务等。其中，值机工作主要是查验旅客的客票及相关证件，为旅客安排座位，办理行李收运工作等。进出港手续的办理是旅客和服务人员直接接触的过程，工作的好坏直接影响航空运输企业的服务质量，也将影响整个民航业的运输质量。

3. 计算飞机的最大可用业载

为了飞行安全，避免航班出现超载，减少航班的空载或次载，民航运输生产组织人员应该准确而高效地计算出本次航班的最大业务载量。

4. 业务载量的分配

多航段的航班，为了更好地利用飞机有限的业务载量，应当在每个站点之间进行合理、恰当的分配，以分配的载量为基础控制客票销售的数量和货物收运的数量，保证此航线上的最大运输效益。

5. 航班的载重平衡工作

除了避免超载和合理分配航班的业载，还要保证飞机在飞行过程中处于平衡状态，只有这样，才能保证飞行安全。合理分配各种业载的装载位置，使飞机的起飞重心位于合理的位置，便于飞行员的操纵，同时也能缩短飞机在各民航机场的业载装卸时间，减少航班延误。

6. 拍发和处理各类业务电报

把本航班在本站点出发时的装载情况及服务要求等信息及时通知前方站，便于前方各站点采取相应的措施做好准备工作。中途站应根据其他站点拍发电报所提的要求，结合本站的实际情况提供适当的帮助或者采取相应的措施。

7. 编制和处理各种业务文件

高效地处理各种业务文件，减少与机组的交接时间，避免因为编制各种业务文件的错误而导致航班延误。

8. 处理不正常运输情况

出现航班不正常运输时，应当采取适当的处理措施，以减少给旅客造成的不便和经济损失，也尽量弥补给承运人造成的经济损失等。

9. 代理业务管理工作

航空运输产品具有即时性和不可储存性，因此航空公司应当在航班起飞前尽可能地销售本次航班的可用座位和吨位。民航代理人是客票销售的重要渠道，保证民航代理业健康有序地发展是民航运输业务持续增长的关键。

二、民航运输生产组织流程

（一）国内航班生产组织流程

我国各机场的国内出发、到达流程基本相同。

1．国内出发流程

1）值机（行李托运、换登机牌）

旅客到达机场后，应到出发大厅指定的服务柜台凭机票及本人有效身份证件按时办理乘机和行李交运手续，领取登机牌。一般飞机离站前 30 分钟停止办理乘机手续。

2）安全检查

旅客办理值机手续后，通过安全检查通道，向工作人员出示登机牌、有效证件和机票，接受安全检查。

3）候机及登机口服务

旅客根据登机牌所显示的登机口号在相应的候机厅候机休息，根据广播提示进行登机，在登机口附近接受登机服务。

2．国内到达流程

1）领取交运行李

到达目的地后，旅客根据所乘航班的航班号到相应的行李转盘领取交运行李。

2）进入到达大厅

到达大厅接客处后，旅客乘坐出租车、机场巴士或其他交通工具离开机场。

（二）国际航班生产组织流程

由于国际航班的生产组织流程比较复杂，且国内各机场的流程设计不尽相同，因此我国机场国际航班的生产组织流程略有不同。下面以北京首都国际机场 T3 航站楼为例，对旅客进出港流程进行简单介绍。

1．国际出发流程

国际出发流程如图 1-10 所示。

图 1-10　国际出发流程

1）值机（行李托运、换登机牌）

旅客到出发大厅指定的服务柜台凭机票及本人有效身份证件按时办理乘机和行李交运手续，领取登机牌。旅客在开始办理登机手续之前，要先确认是否携带了需要向海关申报的物品。如果有，需填写中华人民共和国海关进出境旅客行李物品申报单（以下简称“申报单”）并在海关申报柜台办理申报手续。

2）检验检疫

将要出国一年以上的中国籍旅客，需要到检验检疫部门进行体检，以获取有效的健康证明。如果出行目的地恰好是疫区，旅客需要进行必要的免疫预防疫苗接种。以下几种情况需要注意。

（1）患有发热、呕吐、黄疸、腹泻、急性皮疹、淋巴结肿、艾滋病、性病、精神病、开放性肺结核的出境旅客需主动向检验检疫人员申报。

（2）申请出境一年以上的中国公民，需主动向检验检疫人员出示检验检疫机构出具的含艾滋病检测结果的有效健康检查证明。

（3）前往黄热病流行区旅客，需主动向检验检疫人员出示有效的黄热病预防接种证书。

（4）携带以下物品的旅客，需主动向检验检疫人员申报：生物物种资源、活动物、动物食品、动物尸体或标本、植物及其产品、植物繁殖材料、土壤、微生物、人体组织、生物制品、血液及其制品。

3）边防检查

旅客填写出境卡，并连同护照、签证一并交边防检查站查验。

中国旅客（包括港澳台地区居民）出境需交验有效的护照证件、签证。外国旅客需交验有效护照、签证、出境登记卡，并在有效入境签证的规定期限内出境。

4）安全检查

旅客通过安全检查通道，向工作人员出示登机牌、有效证件和机票，接受安全检查。

5）海关检查

如果有物品申报时，走红色通道，办理海关手续；如果没有，走绿色通道。出境旅客携带有下列物品的，应在申报单相应栏目内如实填报，并将有关物品交海关验核，办理有关手续：①文物、濒危动植物及其制品、生物物种资源、金银等贵重金属；②居民旅客需要携带进境的单价超过5000元人民币的照相机、摄像机、手提电脑等旅行自用物品；③人民币现钞超过20 000元，或外币现钞折合超过5000美元；④货物、货样、广告品；⑤其他需要向海关申报的物品。

6）候机及登机

根据登机牌显示的登机口号在相应的候机厅候机休息，根据广播提示和航班信息显示进行登机，在登机口附近接受登机服务。

2. 国际到达流程

国际到达流程如图1-11所示。

图 1-11　国际到达流程

1）航班到达

进入航站楼以后，旅客应参照航站楼内到达旅客的引导标识前往行李提取大厅。

2）检验检疫

（1）患发热、呕吐、艾滋病、精神病等疾病的入境旅客应主动向检验检疫人员申报。

（2）来自黄热病流行区的旅客，应主动向检验检疫人员出示有效黄热病预防接种证书。

（3）在境外居住一年以上的中国公民，入境时应当到检验检疫机构设立的口岸艾滋病监测点进行健康检查或者领取艾滋病检测申请单，一个月内到口岸检验检疫机构或县级以上医院进行健康检查。

3）边防检查

外国旅客入境须持有效的护照证件、入境签证，并将填好的入境登记卡连同护照证件、签证一并交边防检查站查验。

4）提取行李

到达行李提取大厅后，根据确认航班号，到相应的行李转盘领取交运行李。

5）海关检查

如果旅客携带有向海关申报的物品，须填写申报单，选择“申报通道”（又称“红色通道”）通关；如果没有，无须填写申报单，选择“无申报通道”（又称“绿色通道”）通关。按照规定享有免验和海关免予监管的人员以及随同成人旅客的 16 周岁以下旅客除外。

6）离开机场

到达大厅接客处后，旅客乘坐出租车、机场巴士或其他交通工具离开机场。

相关知识点

1. 海关

海关是一个负责征收及保护关税，控制包括动物、财物和危险品出入境物流的国家机关。中国海关的基本职能是监管进出境的运输工具、货物、行李物品、邮递物品和其他物品；征收关税和其他税费；查缉走私；编制海关统计；办理其他海关业务。具体如下。

(1) 对进出口货物、旅客行李和邮递物品、进出境运输工具实施监督管理，保障货物、物品合法进出境。

(2) 征收关税和其他税费。海关税收是国家财政收入的重要来源，也是国家实施宏观调控的重要工具。海关总署除担负征收关税任务外，还负责对进口货物征收进口环节增值税和消费税。

（3）查缉走私。海关对逃避监管、商业瞒骗偷逃关税行为进行查缉，尤其是要对走私禁止和限制进出境的货物、物品行为进行查缉。我国海关坚决查缉毒品、文物、武器弹药、濒危动植物及反动、淫秽、盗版、散发性宗教宣传品等走私违法犯罪活动，积极配合有关部门开展打击骗汇、骗退税、制售假冒伪劣商品等经济犯罪行为。

（4）海关统计。海关统计是国家进出口货物贸易统计，负责对进出中国关境的货物进行统计调查和分析，科学、准确地反映对外贸易的运行态势，实施有效的统计监督。

2. 边防检查

边防检查是指国家通过设在对外开放口岸的出入境边防检查机关及各出入境边防检查站，依法对出入境人员、交通工具及其携带、载运的行李物品、货物等实施检查、监督的一种行政管理活动。边防检查的目的是维护国家主权，保卫国家安全，维护口岸出入境秩序，防范和打击非法出入境行为，方便合法往来。

边防检查的对象主要是出入境人员、出入境证件（包括护照、签证、其他相关证件、出入境登记卡等）、出入境交通运输工具、出入境货物和行李物品。

3. 检验检疫

检验检疫一般是指卫生检疫、动植物检疫、商品检验的总称。我国出入境检验检疫机构负责对出入境的货物、人员、交通工具、集装箱、行李邮包携带物等进行检验检疫，以保障人员、动植物安全卫生和商品的质量。

第三节　民航运输产品的特点与生产组织方式

民航运输生产是满意地将旅客、货物、行李从始发站运送到目的地而产生位移的过程。因此，民航运输的产品是位移。

一、民航运输产品的特点

民航运输产品的特点有以下几个方面。

（1）民航运输产品是无形的，不具有实物形态。

（2）生产和消费是同一过程，即产品一经生产，立即被旅客消费。

（3）民航运输产品是即时消费，不可储存。

（4）民航运输产品时间性很强，按照季节、日期、每日早晚变化，在运输开始前就要把产品销售出去。

（5）民航运输产品注重旅客的体验过程。

二、民航运输生产的组织方式

旅客从始发站机场到目的站机场，要在始发站办理各项有关手续，包括购票、办理乘机手续、安全检查、联合检查、候机、登机等手续。由于民航服务的各个环节紧密联系，因此各个工序之间存在着必然联系，每项服务的柜台数量、柜台间距、工作人员的工作效率等都将影响整个航班的运营时间。这就涉及对整个民航系统各个工序的空间和时间的组织，使各项服务的服务设备数量安排合理、时间紧凑合理，从而使民航系统的整体操作时间缩短。

民航运输生产的组织方式包括两种：空间组织和时间组织。

（一）民航运输生产的空间组织

大型民航机场起降飞机多，旅客吞吐量大，业务十分繁忙。为适应旅客的特点并满足他们的使用要求，候机楼各种设施的配置必须合理。同时，要科学设计旅客流程图，使各类旅客在楼内的活动互不干扰。多数候机楼对进出港旅客采取立体隔离的办法，即将进出港旅客的行动路线分别安排在两个楼层内；对国际旅客和国内旅客则采取平面隔离的办法，即在同一层楼内，分别设置国际旅客和国内旅客的活动场所。

对于不同航班的同一类型的旅客，人数不同时，柜台开放的数量、各个服务项目之间的距离，都是空间组织需要考虑的。

1. 候机楼内服务设施空间组织需要考虑的因素

（1）服务设施的布置应满足生产过程需求，避免相互交叉和迂回运输，节省旅客和货主办理各项手续的时间。

（2）协作和联系紧密的服务设施应相互靠近，以提高设备的利用率。

（3）服务设施应有扩建的余地，以满足旅客需求增加而扩大生产的需求。

（4）服务设备的数量要充足，尽量避免持续的旅客服务高峰。

（5）不同服务设施之间的距离安排合理，尽量方便旅客和工作人员的操作。

2. 候机楼内服务设施空间组织方法——作业相关图法

作业相关图法是由穆德提出的，它是根据企业各部门之间的活动关系密切程度布置其相互位置。首先将关系密切程度划分为A、E、I、O、U、X共6个等级（表1-1），然后列出导致关系密切的原因（表1-2）。使用这两种资料，将待布置的部门一一确定相互关系，根据相互关系重要程度，按重要等级高的部门相邻布置的原则，制订出最合理的布置方案。

表 1-1　关系密切程度分类

代号	密切程度	代号	密切程度
A	绝对重要	O	一般
E	特别重要	U	不重要
I	重要	X	不予考虑

表 1-2　关系密切原因

代号	关系密切原因	代号	关系密切原因
1	使用共同的原始记录	6	工作流程连续
2	共用人员	7	做类似的工作
3	共用场地	8	共用设备
4	人员接触频繁	9	其他
5	文件交换频繁		

假设某机场候机楼需要布置生产和服务设施，共有 6 个服务部门。下面用图 1-12 所示的 6 个部门的关系来说明该方法的具体过程。

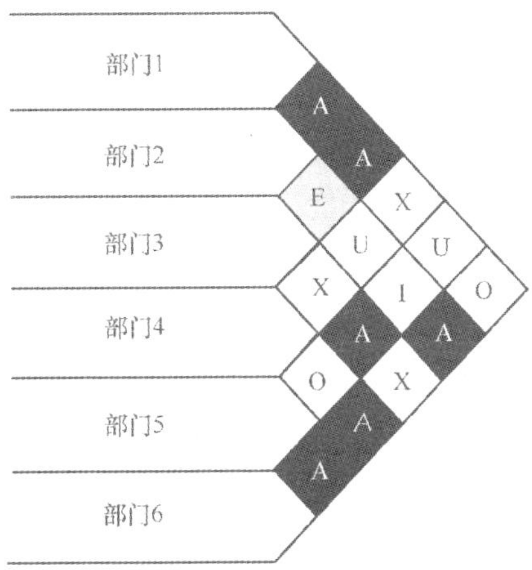

图 1-12　关系密切程度图例分析

（1）先列出关系密切程度（只考虑 A 和 X 两种情况）。利用活动相关图进行部门布置时，应该把重点放在 A 类和 X 类部门的布置上。根据图 1-12，绘制 A 类和 X 类的部门表（表 1-3）。

表 1-3　A 类和 X 类的部门

接近程度为 A 的两个部门	接近程度为 X 的两个部门
1—2	1—4
1—3	3—6

续表

接近程度为 A 的两个部门	接近程度为 X 的两个部门
2—6	3—4
3—5	
4—6	
5—6	

（2）从 A 类最多的部门开始。例如，本案例中的部门 6，A 类出现了 3 次，因此首先确定部门 6，然后将与部门 6 关系密切程度为 A 的联系在一起，如图 1-13 所示的主联系簇。

（3）按次序选取 A 类的剩余部门，能加在主联系簇上的尽量加上去，如图 1-14 所示。

（4）图示 X 类部门的主联系簇，如图 1-15 所示。

（5）根据联系簇和可提供的区域进行位置分配，如图 1-16 所示。

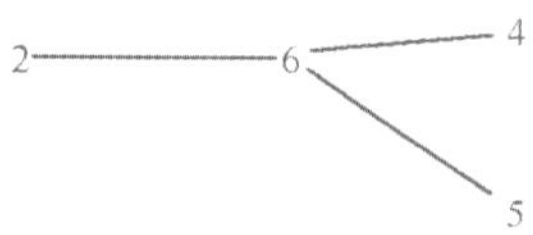

图 1-13　主联系簇（1）

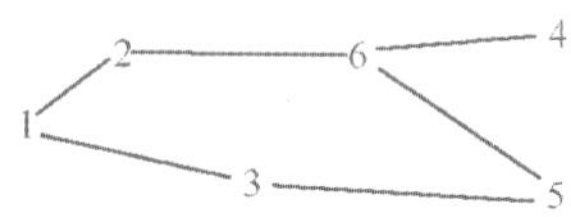

图 1-14　主联系簇（2）

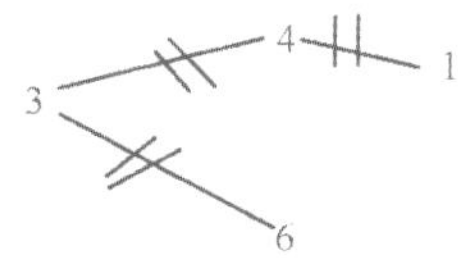

图 1-15　主联系簇（3）

1	2	6
3	5	4

图 1-16　位置分配

民航运输过程是一个系统的过程，要从整个系统的角度出发，研究各个部门之间的联系及其与外部环境之间的关系，以达到整个生产过程所用的时间最短、服务质量最高的目标。另外，还要注意以下问题：①布置的满意方案可能不止一个；②考虑部门间的相互关系时具有主观性；③有时要调整方向。

（二）民航运输生产的时间组织

民航运输生产的时间组织是指运输对象（旅客、货物、行李、邮件等）在完成各项手续时，在时间上相互衔接和配合，以减少整个民航系统的生产时间。以旅客运输为例，可采用顺序移动法、平行移动法和平行顺序移动法来完成各项手续，3 种方法会导致整个系统总的工作时间不同。

1. 顺序移动法

所谓顺序移动法即顺序移动方式，是指所有旅客在完成某项手续后，整批地到下一个服务项目办理手续的移动方式。

顺序移动方式下的周期计算公式为

$$T = n\sum_{i=1}^{m} t_i \tag{1-1}$$

式中：T——某航班所有旅客的办理乘机手续时间总和；

n——旅客数量；

m——办理乘机手续项目数；

t_i——第 i 道乘机手续的办理时间。

【例 1-1】假设某航班共有 5 位旅客，在空中运输前要完成 4 项乘机手续（售票、值机、安检、登机口服务），每位旅客的售票、值机、安检、登机口服务时间分别为 $t_1=3$，$t_2=5$，$t_3=6$，$t_4=2$（单位：分钟）。试用顺序移动法计算此航班旅客共需要花费的时间周期。

解 采用顺序移动法计算如下：

$$T=5\times(3+5+6+2)=90\text{（分钟）}$$

顺序移动法下，所有旅客完成某一程序后，集体进入下一个程序。因此，顺序移动法的优点如下：组织与计划工作简单；服务设备集中开放，完成一项手续后设备关闭，减少了设备总开放时间和运输工作量；单项服务项目连续工作不停顿，提高了工作效率。

但是顺序移动法也有缺点：大多数旅客在等待服务或等待他人完成服务的现象，使整个系统的运作时间最长。因此，顺序移动法适用航班较少且旅客数量较少的机场或者某一时段只有一个或两个航班办理乘机手续的情况，只有这样才能保证航班的正常运行，又可以使每种设备的使用时间最短。

2. 平行移动法

所谓平行移动法，是指同一个航班的每位旅客在完成每一项乘机手续后，不等待其他旅客立即进行下一项手续，以减少旅客的等待时间。

旅客采用平行移动法办理各项乘机手续的总时间设为 T，其计算公式为

$$T = \sum_{i=1}^{m} t_i + (n-1)t_{\max} \tag{1-2}$$

式中：t_i—— 完成每项乘机手续的时间；

$t_{\max}$—— 各项手续中，最长的服务时间；

n—— 旅客人数。

【例 1-2】沿用例 1-1 资料，试利用平行移动法计算旅客办理手续的时间总和。

解 采用平行移动法计算如下：

$$T=(3+5+6+2)+(5-1)\times 6=40\text{（分钟）}$$

由于此种计算方法是旅客完成一项乘机手续后，不等待其他旅客直接进行下一项手续，因此这种方法使整个航班的操作时间最短，但是会使设备总的工作时间变长。此种方法适用于同一时间段内航班数较多的情况，目前航班办理手续普遍采用这种方法。

3. 平行顺序移动法

所谓平行顺序移动法，是将顺序移动法和平行移动法结合使用，是指一道工序上尚未全部处理完毕，就将一部分转入后道工序，以恰好能使后道工序连续地全部处理的移动方式。如果前道工序的所需时间小于或等于后道工序所需的时间，前道工序结束后立即转入后道工序；如果前道工序的所需时间大于后一道工序所需的时间，只有前道工序完成足以保证后道工序连续工作，才转入后道工序。

平行顺序移动法的周期计算公式为

$$T=\sum t_i+(n-1)\left(\sum t_{较大}-\sum t_{较小}\right) \tag{1-3}$$

式中：T——平行顺序移动法下一批零件的生产周期；

n——零件批量（件）；

$\sum t_{较大}$——所有较大工序单件作业时间之和；

$\sum t_{较小}$——所有较小工序单件作业时间之和。

【例 1-3】沿用例 1-1 资料，利用平行顺序移动法计算旅客办理手续的时间总和。

解　采用平行顺序移动法计算如下：

$$T=(3+5+6+2)+(5-1)\times(6-0)=40\text{（分钟）}$$

平行顺序移动法使劳动过程中的中断时间比顺序移动法少，完成任务的周期较短；在一定程度上消除了操作人员与设备的空间时间，使操作人员和设备的空间时间集中起来，便于用来做其他工作。由于此种方式的组织管理比较复杂，机场管理部门应当根据前后工序需要的时间，合理布局前后工序柜台，如果后道工序所需要的时间较短，则其柜台可距前道工序柜台远些。

本章小结

民航是一个庞大的系统，民航运输过程需要政府的统筹、管理、协调，以及企业的经营管理和机场及相关单位的配合才能完成。民航运输组织过程的主要工作需要按照一定的流程和组织方式进行安排。因此，本章主要介绍民航系统的构成，民航运输生产流程的安排，国际、国内航班的流程，民航运输生产的组织方式等内容。

自我检测与实训

一、简答题

1. 国际民航组织的主要职责是什么？
2. 国际航空运输协会的性质是什么？其主要职责是什么？

3. 国际、国内航班在流程安排上有什么不同?

4. 民航运输生产组织方式主要有哪些? 目前, 国内机场主要采用哪种方式?

二、计算题

1. 某机场初建, 进行流程的设计和布置, 主要涉及问询、售票、值机、安检、登机口服务、商业零售、行李打包 7 项服务, 试利用作业相关图法对以上 7 项服务进行空间组织(分配区域、绘制候机楼出港流程图)。

2. 某航班旅客办理登机前手续, 需要进行问询、办理售票、值机、安检、登机口服务 5 项手续, 每项手续单人办理时间分别为 1 分钟、3 分钟、2 分钟、5 分钟、1 分钟。如果本次航班共有 62 名旅客, 试分别利用顺序移动法、平行移动法和平行顺序移动法计算本次航班所有旅客办理手续需要的时间。

3. 某航空食品公司为某航班旅客准备航食, 共需要准备 150 份, 每份航食需要进行 6 道工序, 每道工序需要的时间分别为 8 分钟、4 分钟、5 分钟、3 分钟、7 分钟和 2 分钟。试分别利用顺序移动法、平行移动法和平行顺序移动法计算为这个航班准备航食需要的时间。

第二章 值机业务

第一节 值机业务概述

一、值机的概念

“值机”是中国民航业在长期的工作实践中形成的特有专业术语，可以解读为民航的一种工种，是为旅客服务工作的总称，主要工作包括办理乘机手续、办理行李托运、检查机票与身份证件、回答问询、提供特殊旅客服务、拍发业务电报等。航空公司或其地面服务代理人在机场设置专门的值机柜台，配备值机人员开展值机工作。

二、值机的重要性

值机是民航旅客地面服务的重要组成部分，是影响民航运输生产质量和旅客出行体验的关键环节。

（一）值机服务影响旅客对航空公司的感知

值机服务是无形的产品，面向的对象是旅客，是服务的“窗口”，是航空公司对外展现其文化、素质的一个平台。在值机过程中，旅客可以看出一个航空公司的特色与人文气息，值机人员的精神面貌代表公司的形象与商业荣誉，因此间接影响航空公司的竞争力。

（二）值机服务的质量影响航空运输的快速性

航空运输的优势在于飞行的快速性，但旅客在机场特别是在值机环节要花费较长时间。压缩值机时间是一个具有挑战性的任务，如果值机办理手续准确、快速、无差错，就能很大程度上节省时间，较好地体现航空运输的快速性。

（三）值机服务的质量影响飞行安全

值机服务间接影响航空运输的安全性。一方面，值机报载的准确性会影响配载，如果报载不准确，就有可能造成航班配平时出现隐载，进而导致航班配载后的重心偏前或偏后，这样会对飞机的起降造成危险，升空以后影响飞机的操纵。如果超载，后果更严重。另一方面，值机是乘机人员和行李检查的第一道关口，值机把关不严将影响航班安全。在办理乘机手续时，值机人员应认真查验，防止假冒旅客、危险物品等上机。

三、值机方式及技术的发展

传统的值机方式是需要在飞机起飞前 90 分钟办理登机手续，每一航班有特定的值机柜台。由于技术的发展，现在出现了以下几种新的值机方式。

（一）开放式值机

开放式值机主要有以下两个特点：①旅客不一定要在飞机起飞前 90 分钟才办理值机手续，可随到随办手续，方便了旅客，减轻了安检的压力；②不需要寻找所乘航班的特定柜台，可在任意柜台办理值机手续，这样可分散客流，恰当、充分地利用每一个值机柜台，降低了成本。

（二）自助值机

自助值机即旅客使用机场自助值机终端机或登录航空公司网站自行办理手续，包括机场自助值机、航空公司官网自助值机、手机自助值机等。例如，南航与中国移动合作，开通了手机自助办理乘机手续和短信办理登记手续的业务，航空公司向旅客手机发送条形码形式的值机信息，旅客办理值机手续时只需扫描条形码。对于国际旅客，自助值机免去了柜台值机语言不通带来的不便，而且它能大量节省时间，提高了旅客的满意度与自主权。但目前自助值机不能完成行李托运，旅客必须提前一小时到机场人工柜台进行行李托运。另外，特殊旅客也不能办理自助值机。

第二节　值机部门的岗位设置与职责

一、值机部门的岗位设置

值机部门的主要工作是为旅客办理乘机登记业务。按照业务级别，值机部门可设置值机室主任、值机主任和普通值机员等岗位，其中，普通值机员根据业务性质可分为国际值机员、国内值机员和值机控制员等。

值机工作的主要地点为值机柜台。根据各柜台处理业务的不同，不同机场有不同的柜台设置，常见的柜台有值机主任柜台、头等舱值机柜台、普通值机柜台、超大行李柜台、召集柜台、特殊服务柜台等。

二、值机部门的岗位职责

（一）值机室主任的岗位职责

（1）负责值机室的各项日常工作。

（2）积极完成上级下达的生产任务，计划、布置、实施、检查本室的各项工作。

（3）检查员工仪容仪表，督促员工按照本公司及代理航空公司要求为旅客提供服务。

（4）负责考核下属值机主任及员工的业绩。

（5）协调值机室内外的各种关系，处理不正常事务，对现场服务质量和安全生产负责。

（6）了解航班生产过程中出现的问题，及时反馈并提出合理化建议；负责传达上级对于安全生产、业务操作、航班正点、服务质量的各项要求，并监督落实情况。

（7）负责与代理航空公司进行必要的沟通，妥善协调与代理航空公司之间的业务关系。

（二）值机主任的岗位职责

（1）分配班组人员的生产任务，根据实际情况进行合理调配，对当天生产过程中出现的安全、正点与服务质量问题负责。

（2）负责督察现场服务质量，妥善处理柜台投诉，消除投诉隐患，遇到问题应及时妥善处理。

（3）针对航班生产过程中出现的问题，及时向值机室主任反馈并提出合理化建议。

（4）负责做好专机及重要旅客保障工作。

（5）协助值机室主任处理突发性事件，解决航班生产疑难问题，航班不正常时，做好对旅客的解释工作。

（6）与外航商务就航班代理中出现的问题进行及时的沟通协调。

（7）航班不正常时协助外航做好对旅客的解释及后续安排工作，处理外航的各类投诉。

（三）值机员的岗位职责

1. 国际、国内值机员的岗位职责

（1）为旅客办理乘机手续。

（2）清点机票，核实航班相关数据、归档，填制航班相关报表。

（3）负责晚到旅客的召集工作及对候补旅客的处理。

（4）将航班生产中出现的特殊情况及时报告值机主任。

（5）负责航班关闭后拍发业务电报。

（6）航班不正常时协助值机主任做好航班保障工作。

2．值机控制员的岗位职责

（1）主要负责根据航班机型、机号及订座情况，初始、开放当日始发航班，并做好离港控制工作及有关航班关闭交接工作。

（2）负责航班候补座位控制及相关工作。

（3）根据载重平衡室对航班座位的要求填制控制室航班控制表，控制航班座位分配。

（4）根据过境、过站航班的占座报锁定座位；负责处理离港各类业务电报。

第三节　值机主要工作流程和要求

一、值机主要工作流程

值机主要工作流程如图 2-1 所示。

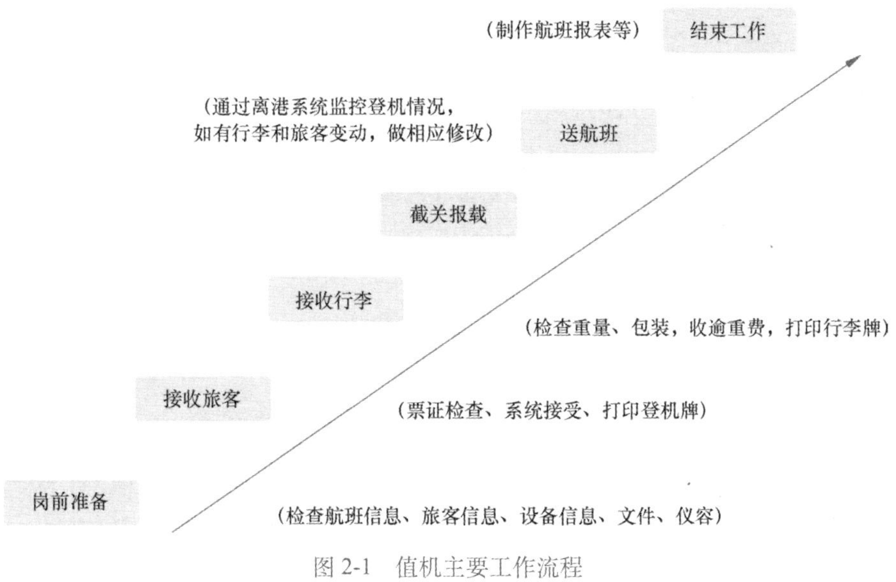

图 2-1　值机主要工作流程

二、值机主要工作要求

值机主要工作要求包括以下几个方面。

（1）确保备齐岗位所需业务用品，避免因准备不足导致工作差错。

（2）到岗后应仔细检查值机柜台所有设施是否完好，如计算机、磅秤、行李传送带等，若发现故障应立即报修，排除故障。

（3）为旅客办票时，必须询问旅客航班号、目的地、是否有托运行李、是否有特殊餐食需求等特殊服务。

（4）严格查验旅客证件，确认证件上的旅客姓名与客票一致，如果是电子客票，其证件号码必须与离港系统中的登记证件号码完全一致。

（5）严格查验旅客客票。

（6）主动询问旅客手提行李及托运行李件数，提醒旅客严禁在行李中夹带危险品或禁运物品。

（7）要求旅客在行李通过安全检查后方能离开，需开箱检查的则要在旅客办理完安全检查手续后，才将行李牌交付旅客。

（8）值机员在旅客托运行李超过规定免费额度时，必须在征询旅客同意后，填开逾重行李通知单，指引旅客前往售票柜台支付逾重行李费。

（9）对不符合正常行李托运的必须在征得旅客同意并签字认可的情况下，拴挂免除责任行李牌，如行李有破损或残迹、无锁或锁已失效、鲜活物品或小动物、迟交运行李等；对特殊旅客和行李的收运要严格按照相关规定操作；在航班起飞前30分钟（各机场时间规定略有差异）停止办理乘机手续，通过广播等形式在航班起飞前15分钟（各机场时间规定略有差异）引导晚到旅客至召集柜台办理乘机手续；及时清点机票，核对并填写票证复核单交票证复核人员。

（10）工作配合上，值机控制员主要从技术上保证值机工作的顺利进行，值机主任主要负责不正常及特殊情况的处理。

第四节　值机工作主要业务知识

一、乘机证件检查

（一）国内旅客乘机证件查验

办理乘机手续应查验客票上的旅客姓名是否与本人及其有效身份证件一致。有效乘机身份证件的种类包括中国籍旅客的居民身份证、临时身份证、军官证、武警警官证、士兵证、军队学员证、军队文职干部证、军队离退休干部证和军队职工证，港、澳地区居民和台湾同胞旅行证件；外籍旅客的护照、旅行证、外交官证等；中国民航局规定的其他有效乘机身份证件。对16周岁以下未成年人，可查验其学生证、户口簿或者户口所在地公安机关出具的身份证明。

（二）国际旅客乘机证件查验

国际乘机证件主要指护照和签证，如果证件不符合出入境要求，将会被入境国遣返，航空公司将会被罚款及承担相关费用。一般情况下，国际值机员通过离港系统中的旅行信息手册（travel information manual, TIM）查看旅客前往某国某地必须具备的条件，包括海关、边防和检疫各种规定。

TIM由27家航空公司联合出版，每月出版一本，是官方指定的正式旅行资料，只有英文版本，值机员在离港系统中可以使用指令查阅相关内容。

当工作人员无法确定旅客是否符合出入境条件时，必须查阅 TIM 的相关规定，才能避免不必要的工作失误和差错。

TIM 内容按国家排列，每个国家项下都包括以下内容：护照（passport）、签证（visa）、健康（检疫信息）（health）、海关（customs）、机场税（tax）、货币（currency）。

1. 国际航班联检服务

国际航班需接受海关和边检等联检单位的统一查验，办理进出关手续。

联检单位的主要工作职责如下：海关负责检查旅客所携带物品、飞机消毒及旅客的卫生及健康情况检查；边检负责检查旅客的护照、签证等证件。机场地面服务部门要配合联检单位，做好国际航班的保障工作。

2. 护照

护照（图 2-2）是一个国家的公民出入本国国境、到国外旅行或居留时，由本国签发的证明该公民国籍和身份的合法证件。

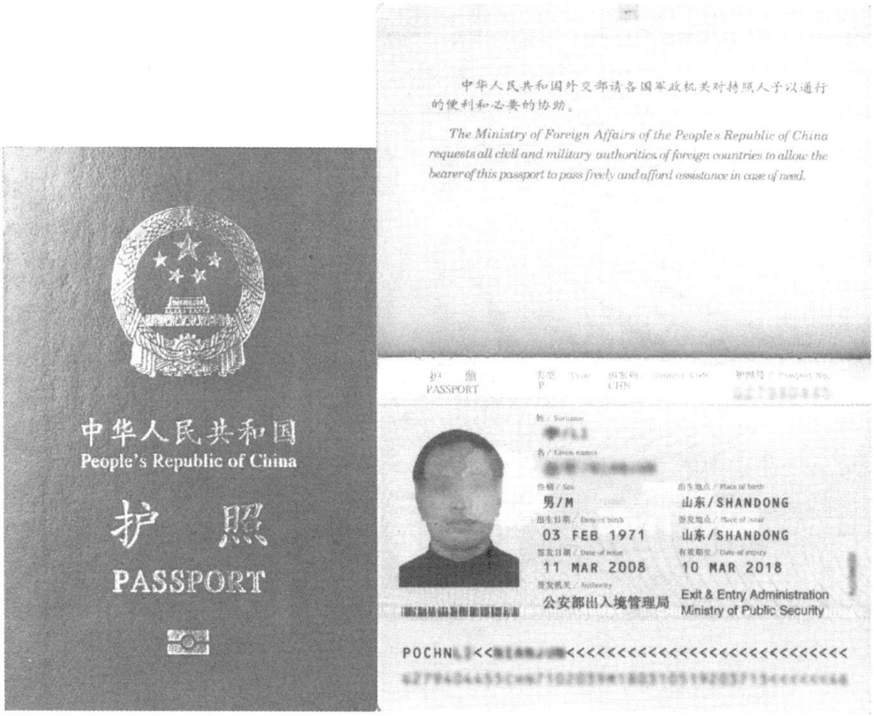

图 2-2 中华人民共和国护照

1）护照的主要内容项目

护照的主要内容项目：Passport No.（护照号码）、Surname（姓）、Given names（名）、Nationality（国籍）、Date of birth（出生日期）、Place of birth（出生地）、Date of issue（护照签

发日期）、Date of expiration（护照失效日期）、Sex（性别）、Authority（护照签发单位）。

2）护照类型

每个国家都有不同种类的护照。中国的护照主要有外交护照、公务护照、普通护照、港澳特别行政区护照等。

3）护照代替文件

我国内地居民前往香港、澳门地区应持中华人民共和国往来港澳通行证（图 2-3）。中华人民共和国往来港澳通行证的办理地点为当地公安机关出入境管理部门。

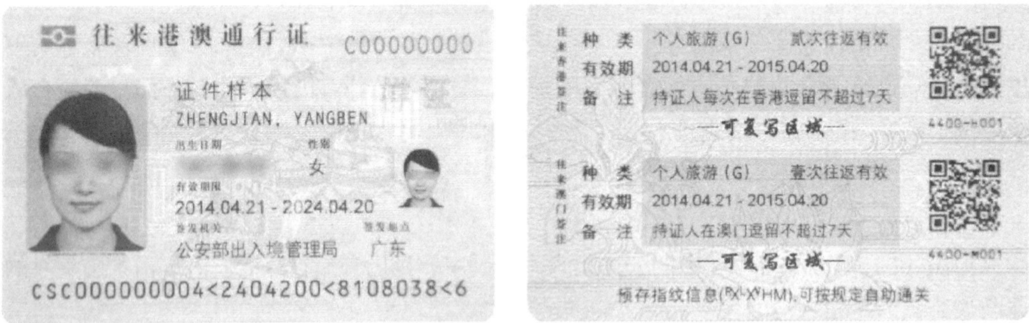

（a）正面　　（b）背面

图 2-3　中华人民共和国往来港澳通行证

我国大陆居民去台湾地区旅游，应持公安机关出入境管理部门签发的大陆居民往来台湾通行证（图 2-4），另外还需要台湾签发的台湾地区入出境许可证，该证在台湾机场落地时办理。

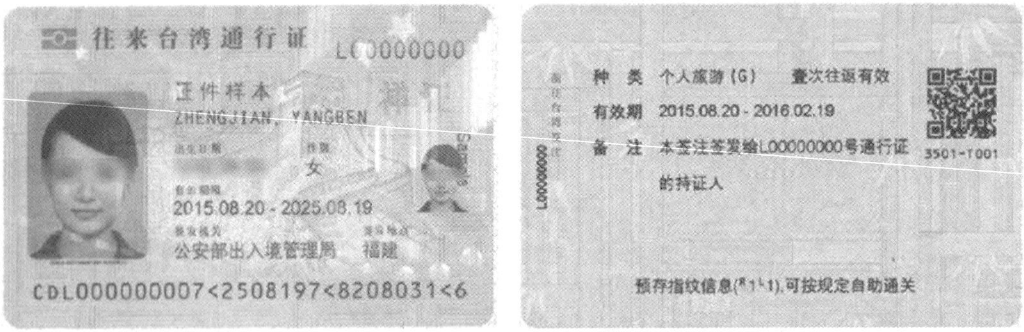

（a）正面　　（b）背面

图 2-4　大陆居民往来台湾通行证

我国港澳居民到内地应持港澳居民来往内地通行证（图 2-5），又称“回乡证”或“回乡卡”。该证办理地点为国家移民管理局委托的县级以上公安机关出入境管理部门。

我国台湾居民进入大陆应持台湾居民来往大陆通行证（图 2-6），简称“台胞证”，该证在国家移民管理局委托的县级以上公关机关出入境管理机构办理。

(a) 正面　　(b) 背面

图 2-5　港澳居民来往内地通行证

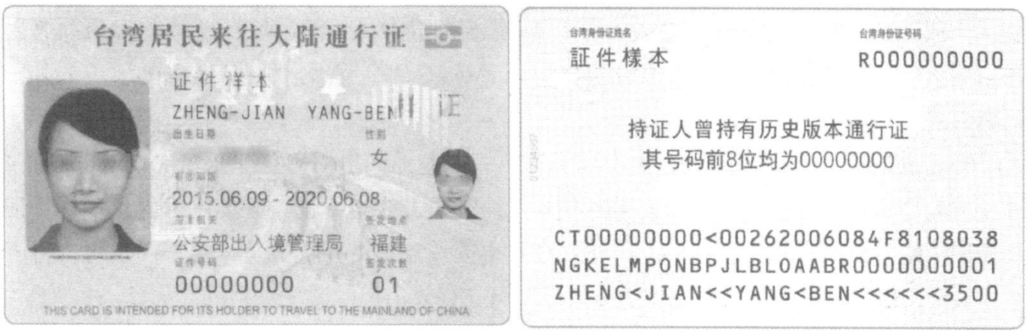

(a) 正面　　(b) 背面

图 2-6　台湾居民来往大陆通行证

4）护照查验的注意事项

（1）护照的真伪查验，包括查看是否有修改的痕迹，以及是否冒用他人护照等情况。

（2）检查护照有效期。有些国家要求旅客入境后护照需有一段有效时间。

（3）所有护照和证明文件必须适用于旅客将要经过的国家或地区（进出境）。

3. 签证

签证是一个国家主权机关在本国或外国公民所持的护照或其他旅行证件上的签注、盖印，以表示允许其出入本国国境或者经过国境的手续，也可以说是一项签注式的证明。

1）签证的格式

大多数的签证，是在一个人所持的护照或旅行证件上签注（盖章），或贴上一张标签，盖章或标签带有清晰的说明文字，指明持有人进入该国的事由、允许停留的时间或通过其领土前往其他国家的许可。

2）签证的主要项目

签证有一定的规范格式，一般包括签证类型、出入境次数、有效期、停留期，以及签发机构、签发官员、日期和签证费用等。

（1）签证类型（type）。

① 一般情况下，签证分为外交签证、公务签证和普通签证3种，即持有外交护照的发给外交签证，持有公务护照的发给公务签证，持有普通护照的发给普通签证。

中国的普通签证一般发给持普通护照的外国人，根据外国人申请来华事由分为8类，分别标有相应的汉语拼音字母，具体如下：D字签证发给来华定居的人员；Z字签证发给来华任职或就业的人员及其随行家属；X字签证发给来华留学、进修、实习6个月以上的人员；F字签证发给应邀来中国访问、考察、讲学、经商、进行科技文化交流及短期进修、实习等活动不超过6个月的人员，其中5人以上组团来华的，可发给团体访问签证；L字签证发给来华旅游、探亲或因其他私人事务入境的人员，其中5人以上组团来华旅游的可发给团体旅游签证；G字签证发给经中国过境的人员；C字签证发给执行乘务、航空、航运任务的国际列车乘务员、国际航空器机组人员、国际航行船舶的海员及其随行家属；J-1字签证发给来中国常驻的外国记者，J-2字签证发给临时来中国采访的外国记者。

② 根据出入境情况，签证分为出境签证、入境签证、出入境签证及多次入出境签证4种。出境签证只许持证人出境，如果需要入境，须再办入境签证。入境签证即只准许持证人入境，如果需要出境，须再申办出境签证。出入境签证的持证人可以出境，也可以再入境。多次入出境签证的持证人在签证有效期内可允许入出境。

③ 根据出入境事由，签证分为移民签证、非移民签证、留学签证、旅游签证、工作签证、商务签证和家属签证7种。

④ 根据时间长短，签证分为长期签证和短期签证。长期签证的申请者将在前往国停留3个月以上。申请长期签证不论其访问目的如何，一般需要较长的申请时间。在前往国停留3个月以内的签证称为短期签证，申请短期签证所需时间相对较短。

⑤ 根据人数，签证分为团体签证和个人签证等。

（2）出入境次数（number of entry）。签证的出入境次数是指该签证在有效期内，持证人可使用的出入境的次数。一次有效签证使用一次就失效。两次有效签证，即在签证有效期内可以使用两次。多次有效签证，即在签证有效期内持照人可以多次出、入国境。例如，澳大利亚、印度的旅游签证有的是在3个月或者6个月内允许多次入出境。字母M表示多次入境，S表示1次入境。

（3）有效期（expiration date）。签证的有效期是指从签证签发之日起到以后的一段时间内准许入境，超过这一期限，该签证就是无效签证。一般国家发给3个月有效的入境签证，也有的国家发给1个月有效的入境签证。有的国家对签证有效期限制很严，如德国只按申请日期发放签证。过境签证的有效期一般都比较短。

（4）停留期（duration of stay）。签证的停留期，是指持证人入境该国后准许停留的时间。它与签证有效期的区别在于签证的有效期是指签证的使用期限，即在规定的时间内持证人可出入或经过该国。例如，某国的出入境签证有效期为3个月，停留期为15天，那么，从签发日始3个月内持这个签证，无论哪一天都可以入、出该国国境，但是，从入境当日起，到出境当日止，持证人在该国只能停留15天。有的国家签发必须在3个月之内入境的签证，而入境后的停留期为1个月；有的国家签证入境期限和停留期是一致的。例如，美国访问签证的有效期和停留期都是3个月，即在3个月内入境方为有效，入境后也只能停留3个月。但签证有效期一般为1个月或者3个月；最长的为半年或者1年以上，如就业和留学签证；最短的为3天或者7天，如过境签证。

3）特殊签证政策

（1）免签证（visa exemption）。免签证，即从一个国家或者地区到另外一个国家或者地区不需要申请签证。互免签证通常是双边的，双方持有有效的护照可自由出入对方国境。

（2）中转免签政策（transit without visa，TWOV）。中转免签政策是指旅客从一国经转某国前往第三国，不必申请过境国签证即可过境，并可在短暂时间内停留。一般有以下规定：旅客需持有已订妥的到最终目的地的机票；必须持有到目的地的有效证件；转机时间必须满足该转机点（国家）要求的转机时间的限制条件。

（3）落地签证（on arrival）。落地签证是指旅客不直接从所在国家取得前往国家的签证，而是持护照和该国有关机关发给的入境许可证明等抵达该国口岸（机场）后，再签发签证。

（4）申根签证（schengen visa）。申根签证指根据《申根协议》而签发的签证。这项协议由于在卢森堡的申根签署而得名，它规定了成员国的单一签证政策。据此协议，任何一个申根协议成员国签发的签证，在所有其他成员国也被视作有效，而无须另外申请签证。实施这项协议的国家便是通常所说的“申根国家”。

4）签证查验

（1）签证的真伪查验，包括查看是否有修改的痕迹、是否冒用等情况。

（2）检查签证的有效期。

（3）检查签证是一次有效还是多次有效，签证是否已被使用或作废。

（4）检查签证要求旅客持有的其他票证，如续程机票、相关证明等。

（5）当旅客打算在某国经停，须帮助旅客查经停国和入境国的护照、签证规定。

5）偷渡旅客的识别

识别可疑偷渡旅客是国际值机员应掌握的一项技能，一般从以下几个方面着重观察。

（1）旅客一人或几人成行，但分开办理手续，持同时间、同地点开的客票却称不认识。

（2）旅客无托运行李或所托运的行李与旅行目的不符。

（3）客票在旅行当天购买或在旅行的前几天购买。

（4）旅客在办理值机手续时，出示的证件与登机前、边防检查时出示的证件不符。

（5）旅客本人的资料与护照上的信息不符。

二、客票查验

（一）客票的概念

客票是承运人或代表承运人填开的“客票及行李票”的简称，是客票上所列旅客和承运人之间航空运输合同订立和运输合同条件的初步证据，也是旅客办理乘机手续和交运行李的凭证。客票是一种有价票证，也是航空公司之间相互结算的凭证，处理客票时，应按照有价票证的财务要求办理。

（二）客票的分类

客票按载体划分，有纸票、电子客票（ET）等；,按来源划分，有航空公司票、BSP票等。

1. 纸票

（1）手工纸质客票（manual ticket）：由手工填写的多联涂碳纸质客票。

（2）可变自动打印纸质客票（transitional automated ticket，TAT）：由计算机产生打印数据，在各种打印装置上打印的多联涂碳纸质客票（图 2-7）。

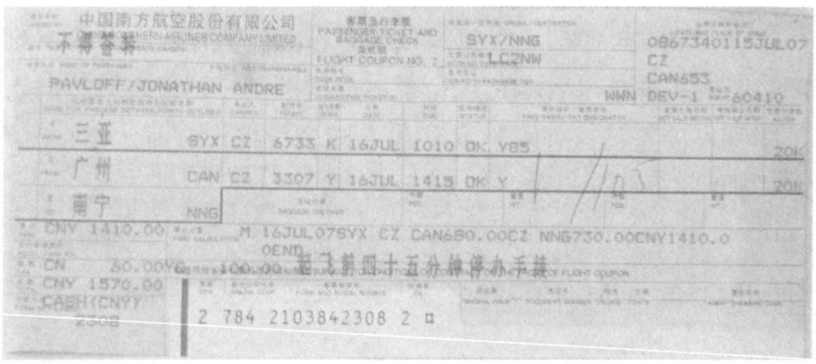

图 2-7　TAT

（3）自动打印纸质客票和登机卡（automated ticket and boarding，ATB）：由计算机产生数据并在打印装置上逐联打印的纸质客票（图 2-8）。ATB 左端为航班乘机联，右端为登机卡。ATB 分为两种格式：ATB1，即有不同的数据区域的客票；ATB2，即数据打印在固定的栏目内的客票。

2. 电子客票

电子客票是由承运人或代表承运人销售的一种不通过纸票来实现客票销售、旅客运输及相关服务的有价凭证。它是普通纸质机票存在于计算机系统内的电子映像，是一种电子号码记录。

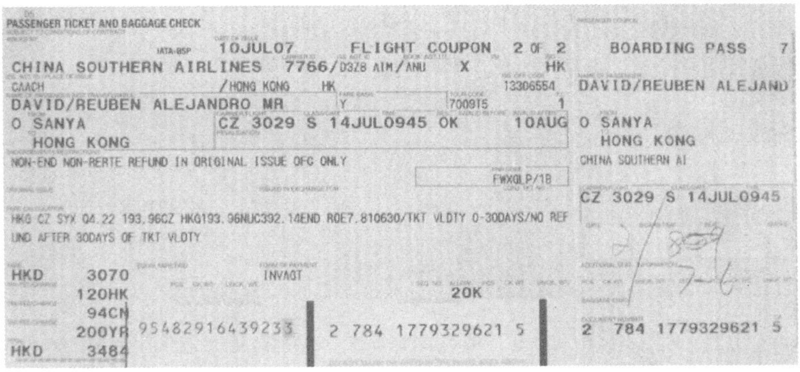

图 2-8 ATB

确认生效的承运人是对电子出票业务管理和授权的单位，也就是出票航空公司。出票航空公司以电子数据形式追踪一个旅客运输的全过程。

3．BSP中性标准运输凭证

在采用 BSP（billing and settlement plan，开账结算计划）的国家，清算银行或数据处理中心在当地国际航空运输协会 BSP 管理部门的直接监督下，在 BSP 成员航空公司与国际航空运输协会旅行代理之间行使已销售的中性标准运输凭证（standard traffic documents, STD）的所有结算功能（图 2-9）。

```
>DETR:TN/479-6965980235
ISSUED BY: CHINA SHENZHEN AIRLINE     ORG/DST: KWL/SZX                BSP-D
E/R: 不得签转
TOUR CODE: NR                                                    RECEIPT PRINTED
PASSENGER: 顾晓枝
EXCH:                                CONJ TKT:
O FM:1KWL ZH    9838  E 13FEB 2240 OK Y45                        20K OPEN FOR USE
          RL:E2P21    /NG7D7 1E
  TO: SZX
FC: 13FEB07KWL ZH SZX300.00CNY300.00END
FARE:              CNY  300.00|FOP:CASH
TAX:               CNY 50.00CN|OI:
TAX:               CNY 50.00YQ|
TOTAL:             CNY  400.00|TKTN: 479-6965980235
```

图 2-9 BSP 电子客票

（三）电子客票的提取及认读

1．电子客票票面认读

电子客票票面如图 2-10 所示。

```
ETKD:CN/ 记录编码
ISSUED BY:  CHINA   EASTERN   AIRLINES        ORG/DST: CTU/SIA          BSP-D
     (1)                                            (2)                     (3)
E/R: 变更退票收费
(4)
TOUR CODE:                                                  RECEIPT PRINTED
     (5)                                                          (6)
PASSENGER: 杨紫
     (7)
EXCH:                                   CONJ TKT:
 (8)                                       (9)
O FM:1CTU   MU    2295  L         12APR    1115    OK    YIN90      PC       OPEN FOR USE
    (10)    (11a)  (11b)          (11c)   (11d)   (11e) (11f)     (12) (13)          (14)
               RL: MFHHB9 /P3XRFC 1E
                          (15)
 TO:XIY
FC: 12APR14 CTU MU XIY1200.00CNY1200.00END
(16)
FARE:             CNY 1200.00 | FOP: CASH
(17)                          (20)
TAX:              CNY 50.00CN | OI:
(18)                          (21)
TAX:              CNY 120.00YQ |
TOTAL:            CNY1370.00 | TKTN: 784-2017492208
 (19)                         (22)
```

图 2-10　电子客票票面

1）提取方式

（1）根据旅客身份信息提取客票。

ETKD: NI/ 身份证号。

（2）根据客票号码提取客票。

ETKD: TN/ 票号。

（3）根据姓名提取客票。

ETKD: NM/ 姓名。

（4）根据记录编码提取客票。

ETKD:CN/ 记录编码。

2）项目认读

（1）"ISSUED BY"（客票出票承运人）栏。该栏显示客票出票承运人的英文全称。

（2）"ORG/DST"（始发地/目的地）栏。填写始发地和目的地的机场三字代码。当旅客的航程需要填开两本以上相互连续的客票，或换开客票时，每本客票都应将全航程的始发地和目的地城市三字代码填入本栏。环程和来回程航程的终止地点就是始发地点，在该栏内应填写同一代码。

（3）“客票种类”栏。该栏显示客票的种类，分为以下几种。

① 国内中性票：BSP-D。

② 国内航空公司票：ARL-D。

③ 国际中性票：BSP-I。

④ 国际航空公司票：ARL-D。

（4）“E/R”（管注/限制）栏。填写关于特殊客票或任何需特别注明的事项，如签转、改期、销售文件、退票收取的费用等。

签注或限制，如“NON-REFUNDABLE”（不得退票）、“NON-ENDORSABLE”（不得签转）、“NON-REBOOKING”（不得改期）、“NON-REROUTING”（不得改变航程）等。

（5）“TOUR CODE”（旅游代码）栏。在使用综合旅游特殊运价的客票中，填写航空公司规定或认可的旅游代码。

（6）“行程单打印信息”栏。如果行程单已打印，在该栏显示“RECEIPT PRINTED”，否则显示空白。

（7）“PASSENGER”（旅客姓名）栏。国内客票中国人填写中文姓名，外国人按护照上的英文姓名填写；国际客票一律按护照上的英文姓名填写。英文姓名应填写旅客的姓，跟一斜线及全名和/或称谓。当旅客的姓为复姓或中间有连接符号时，填写时应省去连接符号或复姓中的空格。例如，“BRYCE-BUCHMAN”填写为“BRYCEBUCHMAN”，“GOMEZ GONZALES/Z MRS”填写为“GOMEZGONZALES/Z MRS”。

如果旅客是特殊旅客，应在旅客姓名后加上代码，相关代码如下。

CBBG：客舱行李。

COUR：商务信使。

DEPA/DEPU：被驱逐出境者（有押送人员陪伴）/被驱逐出境者（无人押送）。

DIPL：外交信使。

EXST：额外座位，如果占用一个以上额外座位，则在代码前填写额外座位的数字。

INAD：被拒绝入境旅客。

UM：12 周岁以下无成人陪伴儿童，UM 之后填写年龄，如 UM10。

SP：因失能需要协助。

STCR：担架旅客。

（8）“EXCH”（换开凭证号码）栏。填写据以换开新客票的任何客票或 MCO（旅费证）的凭证号码。

（9）“CONJ TKT”（连续客票）栏。当一个旅客的旅程要填开一本以上客票时，这一栏必须填写。

连续客票必须有相同的联数，且必须按号码顺序填开。在每一本客票的“连续客票”栏内填写第一本客票的完整号码，后跟其他所有客票号码的最后两位数字。例如：

Conjunction ticket（s）

Form

880 4410785796/97/98

（10）有效运输区间的“FM…TO…”（自/至）栏。在“FM”栏内填始发机场代码；在“TO”栏内填每一个后续分程点、衔接点和目的地机场代码。

（11）“航班订座情况”栏。

①“CARRIER”（承运人）栏（11a）。填写各航段已订妥或已申请座位的承运人两字代码。

②“FLIGHT/CALSS”（航班/等级）栏（11b）。填写已订妥座位或已申请座位的航班号和服务等级代码。如果根据所使用的票价，规定不允许预先订座，本栏应空着不填。

③“DATE”（日期）栏（11c）。填写预定登机日和月份，日以两位数字表示，月份以英文三字代码表示，如 05MAR。

④“TIME”（时间）栏（11d）。根据承运人最新公布班期时刻填写航班起飞的当地时间，采用 24 小时制，也可用 A/P/N/M 表示 AM/PM/NOON/MIDNIGHT。

⑤“STATUS”（定座状态）栏（11e）。用下列代码填写出票时旅客的订座情况。

OK：座位已订妥。

RQ：座位已申请但未证实，或已列入候补。

NS：不占座位的婴儿（也可横跨订座各栏填写“NO SEAT”“INF NO SEAT”“INFANT”字样）。

SA：利用空余座位，根据所使用的票价或该票价规定不允许预先订座。

如果旅客尚未申请订座或订座已被拒绝且未列入候补名单，横跨订座各栏填写“OPEN”字样。

⑥“FARE BASIS”（票价类别）栏（11f）。根据填入该栏的代码可得知票价的类别和旅客种类、应乘坐的等级、最短和最长有效期、订座权利、旅行季节和时间。

（12）“ALLOW”（免费行李额）栏。当以重量计算免费行李额时，填写适用的免费额，后跟“KG”或“K”（千克）、“LB”或“L”（磅）。当免费行李额是根据件数来计算时，只填写“PC”或空白不填。当票价不允许有任何免费行李额时（如婴儿票），用“NO”、“NIL”或“XX”表示。

（13）“客票有效期”栏。当客票有普通的一年有效期，且不与其他客票连用，或不是根据其他客票填开时，该栏目不显示。当所使用的票价对最早返回时间和/或失效日期有限制时，此栏有显示内容。

（14）“客票使用状态”栏。该栏不同的显示内容表示客票的不同使用状态。

（15）“订座编码”栏。航空公司 ICS 系统编码：RL；代理人销售 CRS 系统编码：1E。

（16）“FC”（票价计算）栏。此栏显示票价的具体计算，据此进行承运人和代理人、承运人之间的对账与结算。

（17）“FARE”（票价）栏。填写一本或一套连续客票的全航程在运输始发国应付的当地货币票价总额，包括有关附加费，但不包括税款。票价总额前冠以相应的货币代码。

（18）“TAX/FEE/CHARGE”（税款）栏。当旅客豁免一项税款时，应在相应的国家代码前或后填上“EXEMPT”（豁免）字样。

（19）“TOTAL”（总计）栏。填写货币代码及实收票款、税款的总金额。

（20）“FOP”（付款方式）栏。这一栏必须根据具体的付款方式填写。换开客票时，该项目内容必须填写原客票的付款方式，如果补收了差额，还应加上新的付款方式。以现金或旅行支票付款，填写“CASH”；以信用卡付款，将信用卡第一行的完整账号填入客票，账号前加上信用卡两字代码；其他付款方式：CHECK/CHEQUE 以支票（旅行支票除外）付款。

（21）“OI”（原始填开）栏。当一本客票是根据另一本客票或财务凭证填开时，应在此栏填写以下内容：①当所接受凭证的“原始填开”栏没有内容时，在此栏内填写据以换开新凭证的原凭证号码、填开日期和地点，以及代理人数字代码；②当所接受凭证的“原始填开”栏已有内容时，将此栏的内容转抄到新的凭证上。

注意：如果是第一次换开，在“换开凭证号码”栏和“原始填开”栏填写相同的凭证号码，然后在“原始填开”栏加上原填开日期和地点及代理人数字代码。

（22）“TKTN”（票号）栏。票号为 13 位，前 3 位为航空公司结算代码，后 10 位为顺序号。

2. 客票检查要点

1）检查电子客票状态

只有在电子客票状态为“OPEN FOR USE”的情况下，才可以接收（或候补）。

2）订座状态检查

OK：座已订妥。

RQ：已经申请订座，但未获证实或列入候补。

OPEN：没有订座，在乘机前要办理订座确认手续。

NS：不单独占用座位的婴儿票。

SA：利用空余座位。

3）客票上的姓名与乘机证件上姓名的一致性检查

客票上“旅客姓名”栏内列明的人应与乘机人及其有效身份证件一致。

可允许某些情况下采用拼音拼写生僻字，或因姓名写法习惯不同而造成的姓与名颠倒的情况，包括英文名部分缩写。

4）客票的有效期检查

除票价另有规定外，如果客票全部未使用，则从填开客票之日起，一年内运输有效；如果客票部分使用，剩余客票有效期自旅行开始之日起，一年内运输有效。

5）客票使用顺序检查

一般必须按照客票所列明的航程从始发站开始顺序使用。

6）纸票检查

旅客客票（纸票）必须包含乘机段的乘机联和全部未使用并保留在客票上的其他乘机联和旅客联，缺少任何一联，客票即为无效。

7）特殊旅客客票的检查

特殊旅客如婴儿、病残旅客、孕妇等，须按规定核对相关证明，一名成人只能购买一张婴儿票。

三、旅费证

旅费证（miscellaneous charges order，MCO）是国际航空运输和旅行消费的一种支付凭证。根据载体不同分为纸质旅费证和电子旅费证（E-MCO）。

（一）用途

旅费证可用于支付下列服务的费用。

（1）航空或地面运输费用；逾重行李费（包括按行李或货物的计费）；按货物运送的行李费（仅适用于承运人）。

（2）综合旅游（IT）的地面费用；租用汽车；提供高级设备的航空或地面运输费用（仅适用于承运人）。

（3）额外票价（仅适用于承运人）；提高等级或付款不足时的附加费用（仅适用于承运人）；税款及费用（TFCS）。

（4）预先交付的款项（定金）；分期付款的首期款额；可以退还的差额；旅馆膳宿费用；收取“预付票款通知（PTA）”的款项；为残疾旅客提供服务的待收费用，如氧气、救护车、特殊设备的费用；卧铺附加费；各种杂费，如订座费或改变航程费。

（二）旅费证票样

旅费证票样如图 2-11 和图 2-12 所示。

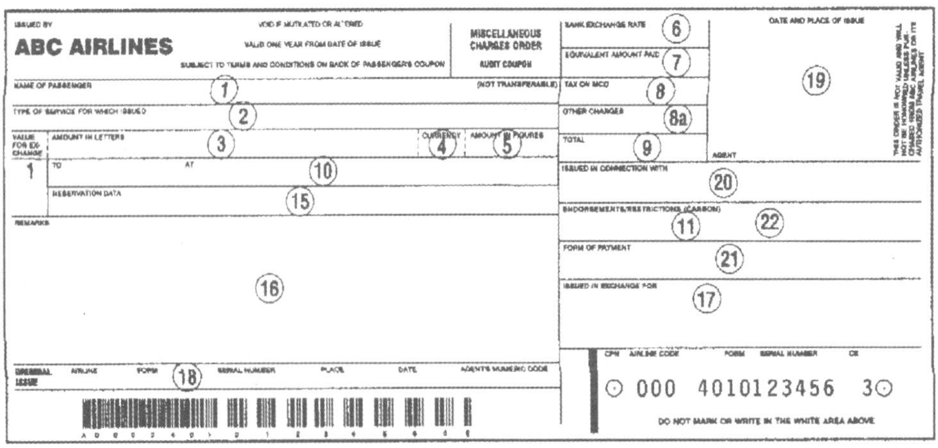

图 2-11　一联换取服务联版本的版面设计

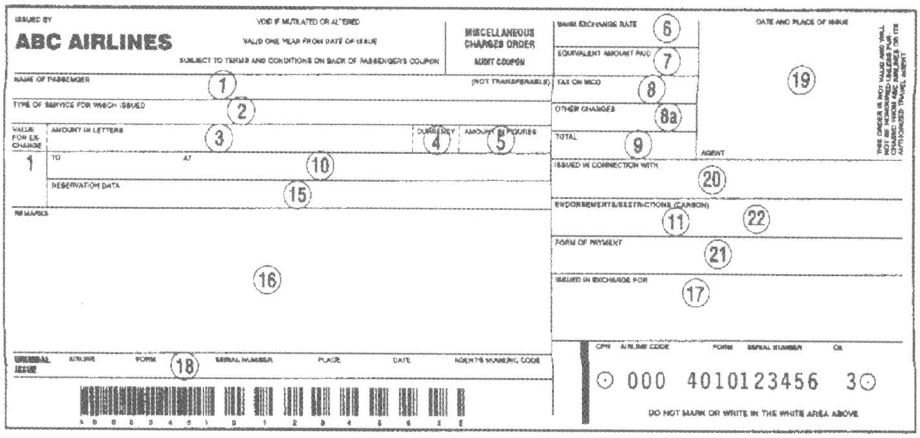

图 2-12　四联换取服务联版本的版面设计

（三）旅费证的填写

1.“旅客姓名”栏

先填写旅客的姓，后跟斜杠和旅客全名和称谓，如果没有足够位置，可用首写字母代替。

2.“服务类别”栏

本栏内所填写的内容必须清楚地说明填开旅费证所换取的服务类别或用途。

例如，提高等级补收差额。

TYPE OF SERVICE FOR WHICH ISSUED
UPGRADING TO C OF 7841234564890

3.“兑换价值”栏

本栏填写指定运输或非指定运输的票价和费用，以及相关运输或服务应收取的税款。填开指定运输的旅费证时，如果没有特别的规定，“兑换价值”栏内的填开金额应以运输始发国的货币表示。填开非指定运输的旅费证时，“兑换价值”栏内的填开金额应以付款的货币表示。如果“兑换价值”栏和“本联价值”栏包括税款，在“备注”栏内应作详细说明。

1）“以文字表示的金额”栏

用英文大写字母填写旅费证的价值金额，只允许填写一行。例如：“1235.50”可表示为“TWELVE HANDRED THIRTYFIVE 50/100”或“ONE TWO THREE FIVE 50/100”。

2）“货币”栏

按国际航空运输协会规定的货币代码填写所表示的价值总额的货币，应与“以文字表示的金额”栏内的货币相同。

3）“以数字表示的金额”栏

用数字填写旅费证的兑换价值金额，与“以文字表示的金额”栏中的金额数相同。例如:

VALUE FOR EXCHANGE	AMOUNT IN LETTERS **ONE FIVE EIGHT 50/100---**	CURRENCY **DEM**	AMOUNT IN FIGURES **158.50 ----**

4.“（银行）兑换率”栏

填写付款货币与填开旅费证所用货币间换算的银行卖出价（BSR）。例如:

CNY8.27=USD1.00

当票价和税款所用的兑换率不同时，将它们分开填写。

5.“实付等值金额”栏

当所付的货币与“兑换价值”栏内所列货币不同，或所付货币不是付款国货币时，应在“实付等值金额”栏内填写实收的货币代码，后跟数字表示的实收金额。例如:

<table>
<tr><td colspan="4" rowspan="4"></td><td>RATE OF EXCHANGE
CNY8.27=USD1.00</td></tr>
<tr><td>EQUIVALENT AMOUNT PAID
CNY827.00-----------</td></tr>
<tr><td>TAX ON MCO
------------------------------</td></tr>
<tr><td>OTHER CHARGES
------------------------------</td></tr>
<tr><td>VALUE
FOR
EXCHANGE</td><td>AMOUNT IN
LETTERS
ONE HUNDRED
FIFTY-------</td><td>CURRENCY
USD</td><td>AMOUNT
INFIGURES
100.00</td><td>TOTAL
CNY827.00-----------</td></tr>
</table>

6.“签注/限制”栏

在每一换取服务联的本栏内填写与该换取服务联相关的限制事项及签注情况，包括任何有关退款的说明，如果旅费证根据另一凭证换开，还应将原凭证上所列的任何签注和限制内容转填在本栏内。例如:

ENDORSEMENT/RESTRICTIONS（CARBON） REFUNDABLE ONLY IN PEK

另外，有些国家的政府规定不允许有“NOT ENDORSABLE”“NOT REFUNDABLE”

“VALID OO…NNLY”等限制性的说明。

7.“本联价值”栏

1）使用“指定换取服务联价值法”

如果填开的旅费证需要指定每一换取服务联所指定的价值，应在各换取服务联相应的“本联价值”栏内填入指定的价值，并在每一个“本联价值”栏下的阴影部分画一粗体斜线（代理人填开时，应画水平横线）。“本联价值”栏内填写的价值金额之和必须与“兑换价值”栏内填写的金额相等，还应在“每联承兑价值仅限所列价值”栏的方格内打“×”。

根据“指定换取服务联价值法”填开的旅费证联数多于所需时，在多余的换取服务联的“签注/限制”栏和“本联价值”栏内填入“VOID”字样，并撕下多余的换取服务联，随同财务联一起上交财务部门。例如：

<table>
<tr><td colspan="2">CURRENCY
USD</td><td colspan="2">AMOUNT IN
FIGURES
200.00----------</td></tr>
<tr><td colspan="2">1</td><td colspan="2">COUPON VALUE
140.00-----------</td></tr>
<tr><td colspan="2"></td><td colspan="2">/</td></tr>
<tr><td colspan="2">2</td><td colspan="2">COUPON VALUE
37.00-----------</td></tr>
<tr><td colspan="2"></td><td colspan="2">/</td></tr>
<tr><td colspan="2">3</td><td colspan="2">COUPON VALUE
VOID</td></tr>
<tr><td colspan="4"></td></tr>
<tr><td>BALANCE</td><td colspan="2">COMMERATE</td><td>TAX
AMOUNT</td></tr>
</table>

2）使用“价值递减法”

如果填开的旅费证不需要指定每一换取服务联的价值，本栏可不填写，但应在“承兑价值从原价值或剩余价值中减除”栏的小方格内打“×”。

注意：“指定价值”与“价值递减”不得在同一旅费证中同时使用。例如：

CURRENCY **GBP**	AMOUNT IN FIGURES **90.50-----------------**
1	COUPON VALUE
2	COUPON VALUE
3	COUPON VALUE

8.“订座情况或文字表示的剩余价值”栏

（1）填开旅费证，需要预先订座时，应在本栏内列明订座的详细情况，如航班号、航段、日期、订座情况等。

订座情况所使用的代码应与客票相同。例如:

<table>
<tr><td rowspan="2">1</td><td>TO AT ENDORSEMENT
INTL AIRLINE LONDON</td></tr>
<tr><td>RESERVATION DATA OR RESIDUAL VALUE IN LETTERS
BB401Y10JANLHRJFK OK/MM220Y17JANJFKLHR RQ</td></tr>
</table>

（2）当接受价值递减法填开的旅费证时，应在承兑的换取服务联的本栏内，将旅费证的剩余价值用英文大写字母填入本栏。

9.“填开日期和地点”栏

本栏必须用电动金属图章或打印图章印上承运人或代理人名称、代理人数字代码、填开日期和地点，并由填开旅费证的工作人员签字。图章必须盖在本栏的框内，所有联上的内容必须清楚、可辨认。如果旅费证上没有盖章或以书写形式填写上述内容，则无效。

如果旅费证上有“填开日期”栏，应在该栏内填写填开日期。

10.“相关凭证号码”栏

填写与旅费证连用的票证号码，如航空运输的客票号码等。这一点在指定的综合游览、航空/轮船运输和确定免税方面特别重要。例如:

ISSUED IN CONNECTION WITH **0001234567890**

11.“每联承兑价值仅限所列价值”栏

使用指定换取服务联价值法时，在本栏打“×”。

12.“承兑价值从原价值或剩余价值中减除”栏

使用价值递减法时，在本栏打“×”。

（四）旅费证的接受

1. 接受按指定换取服务联价值法填开的旅费证

指定价值的换取服务联上所开给的每一承运人或经营者，应将有关的换取服务联撕下，并根据指定的内容填开或提供服务，然后将换取服务联随同换开客票的财务联或提供服务票证的财务联一并上交财务部门。如果换取服务联上的指定价值不足以支付所要求的服务费用，接受换取服务联的承运人必须补收差额。如果换取服务联上的价值超过所提供的服务费用，接受承运人应填开一本新的旅费证注明所剩余额或按照退款规定安排退款。

2. 接受按价值递减法填开的旅费证

（1）以价值递减法填开的旅费证，换取服务联只能按顺序使用，而且必须同时出示旅客联和所有未使用的换取服务联。

（2）接受第一换取服务联的承运人，在撕下换取服务联以前，应将所提供服务的当地货币金额，按接受旅费证之日的当地银行买入价折合为与旅费证“兑换价值”栏所列货币相同的货币金额填入第一个“本联价值”栏内。然后用“兑换价值”栏的总数减去此价值，余额填入“剩余价值”栏内，并用文字在相应“用文字表示的剩余价值”栏内列明该余额值，然后将该换取服务联撕下随同换取客票财务联或提供服务票证的财务联交财务部门。例如:

CARRENCCY **CAD**	AMOUNT IN FIGURES **185.00------**
1	COUPON VALUE **34.80----**
	150.20----

此栏由第一接受承运人填写。

（3）在接受第二、第三换取服务联时，办理程序同上，只是“本联价值”栏应从上联“剩余价值”栏中减除。例如:

	150.20-----------
2	COUPON VALUE **72.00-----------**
	78.20-----------

此栏由第二接受承运人填写。

（4）如果接受某一换取服务联之后，旅费证的全部价值已用完，应在余下无价值各联的“本联价值”栏内填写“VOID”字样，然后将所有余下无价值各联与所接受有价值的换取服务联一起撕下，随同换取客票或提供服务票证的财务联交财务部门。例如:

	68.20--------
2	COUPON VALUE 68.20---------

3	COUPON VALUE VOID

（5）在接受最后一张换取服务联时，如果所提供服务的价值低于上一换取服务联上的剩余价值时，将剩余的总价值填入“本联价值”栏内，然后将换取服务联撕下，凭此换取服务联为旅客填开另一张票证以提供服务，并将剩余金额填开一本新旅费证交旅客继续使用或退款。

四、机上座位分配

（一）座位安排的原则及基本要求

在飞机上实行的是旅客对号入座的办法。在符合飞机载重平衡要求的前提下，尽量按旅客提出的要求安排座位。载重平衡原则：一般飞机分为A区、B区、C区3个区域，B区属于无影响区域，这个区域分配多少旅客对飞机的重心影响不大；主要是考虑A（前）区和C（后）区旅客的座位分配。不同旅客的座位安排原则如下。

（1）重要旅客安排在预留的最前排的座位，或按旅客要求安排。

（2）需要特殊服务的旅客尽量安排靠近乘务工作间的走道座位，或者按旅客的要求安排座位（但不是在窗口或者紧急出口处）。

（3）团体旅客，同一家庭成员或者需要互相照顾的旅客，如病人及其陪伴人员等，应尽量安排在一起。

（4）不同政治态度或者不同宗教信仰的旅客，不要安排在一起。

（5）病、残、老、幼和孕妇旅客，不满16周岁的未成年旅客，行动不便的旅客，缺乏良好语言表达能力、听觉和视觉能力、信息传达能力和照顾婴儿的旅客均不能安排在应急出口处和影响紧急出口旅客疏散的就近的座位就座，应尽可能安排在方便提供服务的座位。

（6）国际航班在国内航段载运旅客时，国际、国内旅客应分别集中安排。

（7）每排座位一般允许安排一名2周岁以下的婴儿。

（8）航班经停站有重要旅客、特殊旅客或者需要照顾的旅客时，事先通知始发站留妥合适的座位，始发站则应通知乘务员注意不要让其他旅客占用。

（9）在经停站下飞机的旅客应安排在客舱靠前部的座位，过站旅客安排在客舱靠后部的座位，不能混合安排。值机员将在经停站下飞机的旅客的名单和座位安排情况以书面的形式通告乘务员，双方签字确认。

（二）应急出口座位的安排

应急出口座位，是指旅客从该座位可以不绕过障碍物直接到达应急出口的座位和旅客从离应急出口最近的过道到达出口必经的成排座位中的每个座位。

1. 安排在应急出口座位就座的旅客

在此处就座的旅客应当具备以下能力（指完成下列职责的能力）。

（1）确定应急出口的位置。

（2）识别应急出口的开启机构。

（3）理解操作应急出口的指示。

（4）操作应急出口。

（5）评估打开应急出口是否会增加由于暴露而给旅客带来的伤害。

（6）收藏或者固定应急出口门，以不妨碍使用该出口。

（7）遵循机组成员给予的口头指示或手势。

（8）评估滑梯的状况，操作滑梯，并在其展开后稳定住滑梯，协助他人从滑梯离开。

（9）迅速地经应急出口通过。

（10）评估选择和沿着安全路线从应急出口离开。

2. 不宜安排在应急出口座位的旅客

（1）两臂、双手和双腿缺乏足够的运动功能、体力或灵活性导致下列能力缺陷的旅客:

① 向上、向旁边和向下达不到应急出口位置和应急滑梯操纵机构;

② 不能握住并推、拉、转动或不能操作应急出口操纵机构;

③ 不能推、撞、拉应急出口舱门操纵机构或不能打开应急出口;

④ 不能把与机翼上方出口窗门的尺寸和重量相似的东西提起、握住、放在旁边的座椅上，或把它越过椅背搬到下一排去;

⑤ 不能搬动在尺寸与重量上与机翼上方出口门相似的障碍物;

⑥ 不能迅速地到达应急出口;

⑦ 当移动障碍物时不能保持平衡;

⑧ 不能迅速走出应急出口;

⑨ 在滑梯展开后不能稳定该滑梯;

⑩ 不能帮助他人用滑梯离开。

（2）不满 16 周岁，或者没有陪伴的成年人、父母或其他亲属的协助。

（3）缺乏阅读能力和理解承运人以文字或图表形式提供的有关应急撤离指示的能力，或者缺乏理解机组口头命令的能力。

（4）在没有隐形眼镜或普通眼镜等视觉器材帮助时，缺乏足够的视觉能力。

（5）在没有助听器的帮助下，缺乏足够的听觉能力听取和理解乘务员的大声指示。

（6）缺乏足够的能力将信息口头传达给其他旅客。

（7）具有可能妨碍其履行在应急出口座位就座的旅客应当具备的能力中的一项或多项适用功能的情况或职责。例如，要照料幼小的孩子，或者履行前述功能可能会使其本人受到伤害。

（8）属于精神不正常、行为不能自制的旅客；在押的被管制人员；体重超过 100 千克、身高 190 厘米以上或明显肥胖的旅客。

3. 应急出口座位的发放要求及注意事项

（1）应急出口座位的发放应征询旅客的同意，并请旅客阅读有关应急出口座位安排要求的公告，使其了解乘坐该座位的责任和义务。

（2）办理应急出口座位乘机手续时必须用明确的语言询问旅客是否愿意履行应急出口座位旅客须知卡上列明的职责。在得到旅客的承诺以前，值机人员不得将旅客安排在应急出口座位。

（3）航班预计旅客人数不需占用应急出口座位时，可以不将旅客安排在应急出口座位，需要使用应急出口座位时，应提前安排有能力的旅客乘坐应急出口座位。当载运旅客数量达到飞机可载运数量的 1/4 时，在不影响配载平衡的前提下，应急出口座位必须安排至少 1 名有协助能力的旅客（按规定不得安排的旅客除外）。在有本公司员工或加机组的航班上，尽量将其安排在应急出口座位，以便协助机组。

4. 旅客可要求调换座位的情形

当安排在应急出口座位的旅客按应急出口座位旅客须知卡或者机组成员向旅客进行的讲解自我对照时，有下列情形之一可以向机组成员要求调换座位。

（1）属于不宜在应急出口座位就座的情况的。

（2）不能确定自己是否具备应当具备的能力的。

（3）为了履行应急出口座位处的职责有可能伤害其身体的。

（4）未能履行应急出口座位处可能要求其履行的职责的。

（5）由于语言、理解等原因，不能理解应急出口座位旅客须知卡内容和机组成员讲解内容的。

（6）声明或明确表示不愿意乘坐应急出口座位的。

五、登机牌

（一）登机牌的作用

登机牌和客票一起构成旅客乘坐飞机的凭证，登机牌是登机和对号入座的依据，也是地面服务人员清点登机旅客人数的依据。在旅客办理乘机手续时由值机人员或自助 ATM 机打印给旅客。目前，普通纸质登机牌是在离港系统中接收旅客后由打印机直接打印出来的，由系统自定义统一格式打印，简单、快捷、准确。如果遇到离港系统出现问题或航班不正常情况，偶尔需要手工填写登机牌。登机牌是航空公司地面服务组织过程的必需业务文件，在工作流程中起重要作用，因为其不参加运价的结算并且不在整个运输环节中出现，故登机牌不是有价证券，遗失可以补发。

（二）登机牌的分类及式样

登机牌按形式可分为普通纸质版、简易版、电子影像版（三维码）等；按印制单位可分为航空公司登机牌、机场登机牌等。

电脑打印的登机牌式样以各机场样式为准，但必须包含以下信息：旅客姓名、航班号、日期、目的地、座位号、舱位、登机口、登机时间等。登机牌一般分为主联和副联两部分，主联由旅客保存直至该航班旅行结束，副联作为登机站清点已登机旅客人数的凭证。

（三）登机牌的项目及填写

（1）航班：填写航班号。

（2）目的地：正联用汉字填写目的站地名全称，加上汉语拼音全称；副联可用三字代码表示。

（3）舱位等级：填写客票订座舱位代码。

（4）座位：如 4A，阿拉伯数字表示座位行号，英文字母表示座位列号。

（5）日期：填写乘机日期，由日期与月份英文的前三位字母组成。

（6）姓名：填写旅客姓名的汉语拼音全称与汉字。外国旅客无中文姓名，姓与名之间用一斜线分隔。

（7）登机口：填写该航班的登机口号码。

（8）登机时间：填写旅客开始登机的始发站当地时间，用 24 小时制表示。一般是预计离港时间的前 30 分钟。

（9）序号：由三位阿拉伯数字组成，表示旅客办理乘机手续的顺序号。

各项目具体填写如图 2-13 和图 2-14 所示。

图 2-13　登机牌（1）

图 2-14　登机牌（2）

（四）登机牌的发放与管理

（1）值机员在航班结束后，将所有没有使用，但已打印出航班和/或旅客信息的登机牌撕毁作废，以避免旅客捡到并冒充使用；此外，旅客持有在空白登机牌上手工填写航班信息的登机牌登机无效。

（2）空白登机牌由承运人或承运人地面代理指定部门保管。

六、中转旅客业务

中转旅客运输是指旅客持联程客票乘坐两个或两个以上的航班才能到达目的地的运输。航空公司对此类旅客提供中转服务。中转服务包括提供专门的中转候机区、行李直挂、便捷的值机手续、中转过夜免费住宿等。目前，各航空公司为吸引客源，争取旅客选择本航空公司的中转航班，设计了种类丰富的中转服务产品，如无缝中转、同机中转、一票到底中转、中转过夜免费住宿等。

（一）中转联程旅客的识别

中转联程客票（无论国内、国际航线），其所有航段必须在同一 PNR 中订座，一般只有一个票号；如果是多个票号，必须是连续的票号。

（二）中转的类型

中转按航线性质分为国内转国内、国内转国际、国际转国际、国际转国内等。

中转按航班所属航空公司分为同航转机、跨航转机等。

中转按机场分为同机场转机、不同机场转机或同一机场内不同候机楼之间的中转。

中转按间隔时间分为当日中转、次日中转、隔日中转等。

中转从值机角度分为普通中转、“一站式”中转等。普通中转，旅客在中转站还须办理乘机手续。“一站式”中转也称通程值机或一票到底，始发站既为旅客将行李联运至目的站，还为旅客办理了各中转站的乘机手续。

第三章　候机服务业务

机场候机服务是为了方便旅客办理进出港手续的各项服务，包括问询服务、广播服务、导乘服务、登机口服务等。

第一节　问询服务的主要工作内容

机场进出港大厅一般设有问询服务柜台，主要为进出航站楼的旅客提供旅客流程、航班信息、航站楼旅客服务设施等方面信息的问询服务和方位指引等服务。问询服务的主要工作内容如下：①按照规定做好准备工作；②解答旅客口头及电话问询；③及时将航班信息通知旅客；④负责不正常的信息跟踪和解释工作；⑤负责遗失物品的记录、查找及信息跟踪工作，收管遗失物品。

第二节　广播服务的主要工作内容

广播服务的主要工作内容包括以下几个方面。

（1）广播旅客致辞、旅客须知。

（2）广播通知旅客办理乘机手续。

（3）广播通知登机。

① 提供中文、英文登机广播，要求语速适中，语音清晰。

② 机场登机广播至少两次，保证候机楼内各位置均可收听到广播内容。第一次为登机广播，开始登机时播放。参考广播词："乘坐 ×× 航空 ××× 航班前往 ××× 的旅客请注意，您乘坐的航班现在开始登机，请出示登机牌，由 × 号登机口开始登机。"第二次为最后登机广播，在航班登机快结束时播放。参考广播词："乘坐 ×× 航空 ××× 航班前往 ××× 的旅客请注意，这是最后登机广播，还没有登机的旅客，请尽快由 × 号登机口登机。"

（4）广播到港航班信息。

（5）广播寻人、寻物等其他信息。

（6）广播不正常航班信息。

第三节　导乘服务的主要工作内容

导乘服务的主要工作内容包括以下几个方面。

(1) 维持候机区旅客候机秩序，为旅客当好候机向导。

(2) 广播寻找未登机旅客，并快速引导上飞机。

(3) 在安全检查口按值机的要求迎接晚到旅客，并引导旅客快速登机。

第四节　登机口服务的主要工作内容

登机口服务的主要工作内容包括以下几个方面。

(1) 登机口服务人员提前 15 分钟到登机口进行准备工作。

(2) 登机口服务人员需要核对登机口航班显示屏，正确显示航班信息；广播设备、登机控制设备（计算机、条形码扫描器等）、办理超限行李相关设备工作正常。在登机口告示牌上写明有关优先登机、分段登机的信息。在经济舱登机通道口放置分段登机排队提示牌。

(3) 对于各类登机的旅客，登机口服务人员负责查验旅客登机牌，核对登机牌上的航班号、日期、目的站与该航班是否符合；对于有疑问的情况，可核对旅客身份证和机票，确定无误后，方可放行。

(4) 登机口服务人员向每位旅客微笑致意，并向每位旅客问好，使用“再见/旅途愉快 / Nice trip”等用语。

(5) 根据实际情况做最后寻找旅客的广播，请还没有登机的旅客尽快登机。特殊情况下，对于登机门变更、查找超限行李、航班延误或取消等进行单独广播。

(6) 远机位登机。对于远机位登机情况，应提前安排好旅客摆渡车。摆渡车出发前，服务人员提醒车上旅客该航班的航班号、目的站后，方可发车。停机坪引导时，注意过往车辆与滑行飞机，服务引导人员带领旅客按照规定路线登机。需要上下摆渡车时，引导员注意维持旅客的上下车秩序，并注意安排老弱病残等特殊旅客优先上摆渡车；在摆渡车上要注意安排老弱病残等特殊旅客坐在靠前较宽敞的座位上。

(7) 航班登机结束后，登机口服务人员与乘务交接登机人数及特殊旅客等信息，舱门关闭后方可离开。

第五节　引导服务的主要工作内容

一、登机引导

(1) 接到登机指令后，带领旅客按照规定路线登机。

(2) 停机坪引导时，注意过往车辆与滑行飞机。

(3) 需要上下摆渡车时，引导员注意维持旅客的上下车秩序，并注意安排老弱病残等特殊旅客优先上下摆渡车；在车上要注意安排老弱病残等特殊旅客坐在靠前（司机附近）较宽敞的位置；摆渡车发车前，引导员再次提醒车上旅客该航班的航班号、目的站，方可发车。

（4）放行时，核对航班号和安检章，回收登机牌副联。

（5）维持登机秩序，严格控制客梯车上不许超过15个人；注意登机口放行速度，避免廊桥内旅客拥堵。

（6）与乘务长核对登机人数，舱门关闭后方可离开。

二、接机引导

（一）正常接机引导

到港飞机滑行到位时，引导员应站在客梯车第一个台阶处，待客梯车完全停稳，示意乘务员将旅客放行；引导时注意过往车辆与滑行飞机，防止意外发生，制止旅客在停机坪上吸烟；将旅客引导至出口处后，站立于行李房门口，示意旅客领取行李的地点和出口位置。

（二）返航航班引导

接到返航信息后，根据过站人数备好过站牌（空白登机牌）；将旅客引导至登机口后根据旅客所持机票，将过站牌准确无误地发给每位旅客。

（三）无成人陪伴儿童接机引导

乘务员将无成人陪伴儿童带下飞机后，先把儿童组织好再与乘务员做好交接；把儿童带至行李房处提醒他们有没有托运行李，并帮助他们提取托运行李；将儿童交付其亲属或监护人并签字。

（四）伤、病、残等特殊旅客接机引导

按生产运输管理部门通知，为伤、病、残等特殊旅客备好服务用具（如轮椅、担架）；飞机停稳后前门引导员将服务用具放在客梯车旁，由引导员为特殊旅客服务；引导员应协助乘务员将特殊旅客接下飞机，安置在服务用具上，动作要适度，语言要亲切、温和，有体贴感；摆渡车接机时，控制旅客上车速度，搀扶特殊旅客上摆渡车，摆渡车客满后，应示意乘务员暂停放行，示意司机关上车门后再开车；将特殊旅客送至出口，交给亲属，直至他们离开。

本章小结

地面服务工作分为很多个岗位，每个岗位的工作都是民航运输过程中不可或缺的。本

章主要讲解地面服务部门中的问询、广播、导乘、登机口服务、乘机引导等岗位的工作内容及流程，要求学生熟练掌握相关岗位的工作职责及流程要点。

自我检测与实训

一、简答题

1. 简述问询岗位的工作内容和职责。
2. 简述引导服务岗位的工作内容和职责。
3. 简述登机口服务岗位的工作内容和职责。
4. 简述广播服务岗位的工作内容和职责。

二、实训题

1. 要求学生模拟开始登机广播通知。教师点评。
2. 要求学生模拟无成人陪伴儿童的引导过程。教师点评。

第四章　行李运输业务

第一节　行李运输的基本规定

行李是旅客在旅行中为了穿着、使用舒适或方便而携带的物品和其他个人财物。值机工作人员需要掌握必要的行李运输知识，尤其是从事行李运输的工作人员更需要全面、深入地掌握行李运输业务知识和技能。

一、行李分类

根据运输责任，行李可分为托运行李、手提行李和免费随身携带物品。

（一）托运行李

托运行李（checked baggage），是指旅客交由航空公司负责照管和运输的行李。托运行李要满足以下规定。

（1）航空公司负责照管，装在飞机货舱，不与旅客在一起。

（2）超过免费行李额的部分要向航空公司支付逾重行李费。

（3）在到达站由旅客凭行李牌领取联自行认领。

（4）航空公司对托运行李的包装和内物有以下严格的规定。

① 托运行李必须包装完善、锁扣完好、捆扎牢固，能承受一定的压力，能够在正常的操作条件下安全装卸和运输。

② 两件以上的包件，不能捆为一件。

③ 行李上不能附插其他物品。

④ 竹篮、网兜、草绳、草袋等不能作为行李的外包装物。

⑤ 带有危险品标记、标签的包装件一般不能作为行李的外包装物，如果其包装了行李，必须将该包装件上的危险品标记、标签去掉或覆盖。

⑥ 行李包装内不能用锯末、谷壳、草屑等做衬垫物。

⑦ 托运行李每件重量不能超过 50 千克，体积不能超过 40 厘米 ×60 厘米 ×100 厘米。超过上述规定的行李，征求航空公司同意后才能托运。

（二）手提行李和免费随身携带物品

手提行李和免费随身携带物品是指经航空公司同意由旅客带入客舱自行照管的行李物品。

1. 适用范围

适用范围：资料箱，照相机或者望远镜，外衣或者衣袋，袖珍书籍或者手包，可折叠式行李车，尿布，阅读材料，婴儿及儿童类用品，雨伞或者拐杖，笔记本式计算机，全折叠式婴儿车，金银首饰、珠宝、有价票证、证券等。

2. 手提行李

手提行李每位旅客只限一件，其重量不能超过 10 千克，体积不超过 20 厘米 ×40 厘米 ×55 厘米，应能置于旅客的前排座位之下或者封闭式行李架内。

3. 免费随身携带物品

（1）免费随身携带物品的重量，每位旅客以 5 千克为限。

（2）持头等舱客票的旅客，每人可随身携带两件物品；持公务舱或者经济舱客票的旅客，每人只能随身携带一件物品。

（3）每件随身携带物品的体积不得超过 20 厘米 ×40 厘米 ×55 厘米。

（4）超过上述重量、件数、体积限制的随身携带物品，应作为托运行李托运。

二、不得作为行李运输的物品

（1）危险物品。危险物品是指可能危及航空器、机上人员或者财产安全的物品。航空公司地面服务代理值机部门应当在旅客办理乘机手续的场地设置标识牌，以指明危险物品禁止作为行李运输。

① 爆炸品，如烟花、鞭炮、弹药等，但子弹除外。

② 气体，包括易燃和非易燃无毒气体、有毒气体，如压缩气体、液化气体等。

③ 易燃液体，如酒精、油漆、橡胶水等。

④ 易燃固体、自燃物质和遇水释放易燃气体的物质，如镁粉、白磷、黄磷等。

⑤ 氧化剂和有机过氧化物，如烟雾剂、漂白粉等。

⑥ 毒性物质和传染性物质，如生漆、有毒农药、海洛因、疫苗等。

⑦ 放射性物质，如放射性同位素、放射性化学试剂等。

⑧ 腐蚀性物质，如酸、碱、湿电池、水银等。

⑨ 磁性物质。

⑩ 容易污损飞机的物品。

⑪ 航空公司《危险物品运输手册》规定不得作为行李运输的其他危险物品。

（2）军械、警械，如电警棍、电击器等。

（3）管制刀具，如匕首、刺刀、三棱刀（包括机械用的三棱刮刀）、带有自动装置的弹簧刀（跳刀），以及其他相类似的单刃、双刃、三棱尖刀，但少数民族刀具除外。

（4）活体动物，导盲犬、助听犬除外。

（5）国家或航空公司规定的其他禁运物品。

第二节　行李运费计算

一、免费行李额

免费行李额是根据旅客所乘坐舱位等级和旅客乘坐的航线确定的。不同航空公司、不同航线的免费行李额有所差异。免费行李额的一般要求如下。

（一）国内航线免费行李额

国内航线采用计重制免费行李额计算。

（1）持成人或者儿童客票的旅客，一般规定如下：头等舱旅客为 40 千克，公务舱旅客为 30 千克，经济舱旅客为 20 千克。

（2）持免票、折扣票的旅客，按其座位等级享受相应的免费额。

（3）持婴儿票的旅客一般情况下无免费行李额。

（二）国际航线免费行李额

1. 计重制免费行李额规定

（1）持成人票或儿童票的旅客免费行李额。头等舱旅客为 40 千克（88 磅）；公务舱旅客为 30 千克（66 磅）；经济舱旅客为 20 千克（44 磅）。

（2）婴儿免费行李额。除承运人另有规定外，国际航空运输协会规定按成人票价 10% 付费的婴儿有 10 千克的免费行李额，并允许带一个全折叠轻便婴儿车或婴儿手推车。

2. 计件制免费行李额规定

（1）适用范围：目前较多的国际航线实行计件制免费行李额，常见航线主要有中国—加拿大、中国—美国、中国—欧洲国家等。

（2）持成人票或儿童票的旅客免费行李额。头等舱和公务舱旅客：每人可免费托运两件行李，每件体积（三边之和）不超过 158 厘米（62 英寸），每件重量不得超过 32 千克（70 磅）。经济舱旅客：每人可免费托运两件行李，每件体积（三边之和）不超过 158 厘米（62 英寸），每件重量不得超过 23 千克（50 磅）。

（3）婴儿免费行李额。持婴儿票的旅客可免费托运一件行李，但三边之和不超过 115

厘米（45 英寸），还可以免费托运全折叠轻便婴儿车或婴儿手推车一部。

（三）其他免费行李额的计算

（1）搭乘同一航班前往同一目的地的两个（含）以上的同行旅客，如果在同一时间、同一地点办理行李托运手续，其免费行李额可以按照各自的票价等级标准合并计算。

（2）旅客自愿改变舱位等级以后的免费行李额，应当按改变后的客票等级所适用的免费行李额的规定办理；旅客非自愿改变舱位等级以后的免费行李额，应当按原客票等级所适用的免费行李额的规定计算。

（3）构成国际运输的国内航段，每位旅客的免费行李额按适用的国际航线计重或者计件制免费行李额计算。

（4）残疾人士乘坐民航班机，对其必须携带的辅助器具（折叠轮椅、手杖、假肢等），给予免费携带。担架旅客的免费行李额为所占座位的免费行李额之和。

（5）额外占座旅客的免费行李额，按其所占座位的票价等级和占用座位数确定。

（6）手提行李占座的客票没有免费行李额。

二、逾重行李费

旅客的托运行李和手提行李，超过该旅客免费行李额的部分，称为逾重行李。旅客携带逾重行李乘机，应当支付逾重行李费。

（一）计重制逾重行李费率及逾重行李费计算

逾重行李费率以每千克按逾重行李票填开当日所适用的经济舱票价的 1.5% 计算，以人民币分为单位。收费总金额以人民币元为单位，尾数四舍五入。其计算公式为

应收逾重行李费 =（托运行李的重量 − 适用的免费行李额）× 适用的逾重行李费率

【例】旅客航程为 PEK—NNG，乘坐经济舱（PEK—NNG 经济舱票价为 1640 元人民币），托运 50 千克的行李，计算其逾重行李费。

解

应收逾重行李费 =（50−20）×（1640 × 1.5%）=738（元）

（二）计件制逾重行李费计算

不同航空公司、不同航线的计件制逾重行李费计算不尽相同，但基本上按超件、超大、超重三种情况进行累计计算，以下为海南航空在中加、中美航线上逾重行李收费标准。

1. 中国—加拿大航线托运行李逾重收费

（1）普通舱旅客交运的行李，如果超过免费限额，交运的单件行李重量超过 50 磅（23 千克），但不超过 70 磅（32 千克），应收取逾重行李费 300 元人民币或 50 加元。

（2）无论旅客乘坐何种舱位，每件超出两件之外的行李（其尺寸及重量均不超过规

定），或每件三边之和超过 62 英寸（158 厘米）但不超过 80 英寸（203 厘米）的行李，应按一个标准费率计收。

（3）无论旅客乘坐何种舱位，每一件既超件数限制又超尺寸限制 [三边之和超过 62 英寸（158 厘米）但不超过 80 英寸（203 厘米）] 的行李，应按两个标准费率计收。

（4）无论旅客乘坐何种舱位，如果交运的单件行李重量超过 70 磅（32 千克），但不超过 100 磅（45 千克）或/和三边之和超过 80 英寸（203 厘米），应按 3 个标准费率计收。

（5）单件重量超过 100 磅（45 千克）的行李不予托运，可作为货物运输。

（6）一个标准收费为 600 元人民币或 100 加元，如果以其他货币支付，按结算当日汇率进行结算。（注意：航班为国内出港飞往加拿大，一个标准收费为 600 元人民币；航班由加拿大出港飞往国内，一个标准收费为 100 加元。）

2. 中国—美国航线托运行李逾重收费

1）超额行李收费标准

超额行李收费（超出可免费携带行李件数外的行李）如表 4-1 所示。

表 4-1 中国—美国航线托运行李逾重收费

每件超额行李	收费标准/美元
小于 50 磅，且总尺寸小于 62 英寸	110
小于 50 磅，且总尺寸大于 62 英寸小于 80 英寸	220
小于 50 磅，且总尺寸大于 80 英寸	440
大于 50 磅，小于 70 磅，且总尺寸小于 62 英寸	135
大于 50 磅，小于 70 磅，且总尺寸大于 62 英寸，小于 80 英寸	245
大于 50 磅，小于 70 磅，且总尺寸大于 80 英寸	465
大于 70 磅，小于 100 磅	440

2）超大行李收费标准

此类收费将和超额、超重行李费用一同计算，具体标准如表 4-2 所示。

表 4-2 超大行李收费标准

三边总尺寸/英寸	收费标准/美元
63 ～ 80	110
大于 80	330

3）超重行李收费标准

此类收费将和超额、超大行李费用一同计算，具体标准如表 4-3 所示。

表 4-3 超重行李收费标准

行李重量/磅	收费标准/美元
51～70	25
71～100	330
大于 100	不予收运

注：超限行李费以美元为单位进行收取，若旅客以人民币进行支付，则按照当日当时人民币兑美元的汇率进行结算。

（三）逾重行李费收取

（1）收取逾重行李费，应填开逾重行李票。

（2）逾重行李费总金额以人民币元为单位，尾数四舍五入。

（3）旅客可用现金、支票、信用卡、旅费证等支付逾重行李费。

（四）逾重行李票

逾重行李票（图 4-1）是旅客支付逾重行李费的凭证，也是逾重行李的运输凭证。

逾重行李票

EXCESS BAGGAGE TICKET

旅客姓名 NAME OF PASSENGER: 客票号码 TICKET NO:

航段 SECTOR	承运人 CARRIER	航班号 FLIGHT NO	重量 WEIGHT	费率/千克 RATE/kg	运费金额 CHARGE	声明价值附加费 DECLARED VALUE	合计收费 TOTAL
自 FROM							
至 TO							
日期 DATE		经手人 ISSUED BY			盖章 SIGNATURE		

图 4-1 逾重行李票样式

（1）逾重行李票的组成：财务联，用于财务记账、审核、结算；存根联，由出票人留存备查；承运人联，又称运输联，作为逾重行李的运输凭证，是承运人之间的结算凭证和依据；旅客联，由旅客收执，作为已付逾重行李费的凭证。

（2）逾重行李票号码由两部分组成，第一部分为承运人英文两字代号，第二部分为由 6 位阿拉伯数字组成的顺序号，如 XW 236768。

（3）逾重行李票不得涂改，涂改的逾重行李票无效。

（4）逾重行李票必须与客票同时使用方为有效。

三、行李声明价值

（一）一般规定

（1）旅客托运的行李，每千克价值超过人民币 100 元时，可办理行李的声明价值。

（2）托运行李的声明价值不能超过行李本身的实际价值。

（3）每一旅客的行李声明价值最高限额为人民币 8000 元。

（4）对声明价值有异议而旅客又拒绝接受检查时，航空公司有权拒绝收运。

（5）旅客办理声明价值的托运行李仅限于整包件行李，任何单个物品不得办理。

（6）手提行李不办理行李声明价值。

（二）声明价值的办理

（1）旅客办理行李声明价值，应支付声明价值附加费。收取附加费时应填开收费票据。

（2）附加费按旅客声明的每千克价值超过人民币 100 元限额部分的 5‰收取。其计算公式为

$$声明价值附加费=(旅客声明价值-100\times 办理声明价值的行李重量)\times 5‰$$

（3）行李声明价值附加费收取金额以人民币元为单位，尾数四舍五入。

（4）旅客可用现金、支票、信用卡、旅费证等支付附加费。办理声明价值行李按一般托运行李收运，但应加挂易碎物品标识并与装卸部门办理交接，记录旅客姓名、行李的颜色和类型、行李牌号、装载位置等内容。离站后，向经停站和到达站拍发“行李声明价值电报”。

四、行李保险

旅客可自愿选择向保险公司投保行李运输险。此项保险金额的给付，不免除或者减少航空公司应当承担的赔偿责任。

第三节　行李牌及行李标识

一、行李牌

行李牌是托运行李运输和识别的标志及旅客领取托运行李的凭证。

（一）行李牌各联

行李牌分运输联、识别联和一个或者多个检查联。运输联贴挂在行李上，作为运输的识别标志；识别联为旅客收执，作为到达后领取托运行李的凭证；检查联根据需要分别粘贴在托运行李、客票乘机联、行李集装箱（或者粘贴板）上，作为运输联脱落后需要翻找行李时的辅助识别标志。

（二）行李牌式样

各航空公司或机场的行李牌格式不尽相同，但至少应含有以下信息：日期、航班号、出发地、目的地、行李票号。行李牌根据式样可分为横式和竖式；按使用方式分为拴挂式和粘贴式；按用途分为普通行李牌、速运行李牌等。行李条、速运行李牌、行李牌的样式分别如图 4-2～图 4-4 所示。

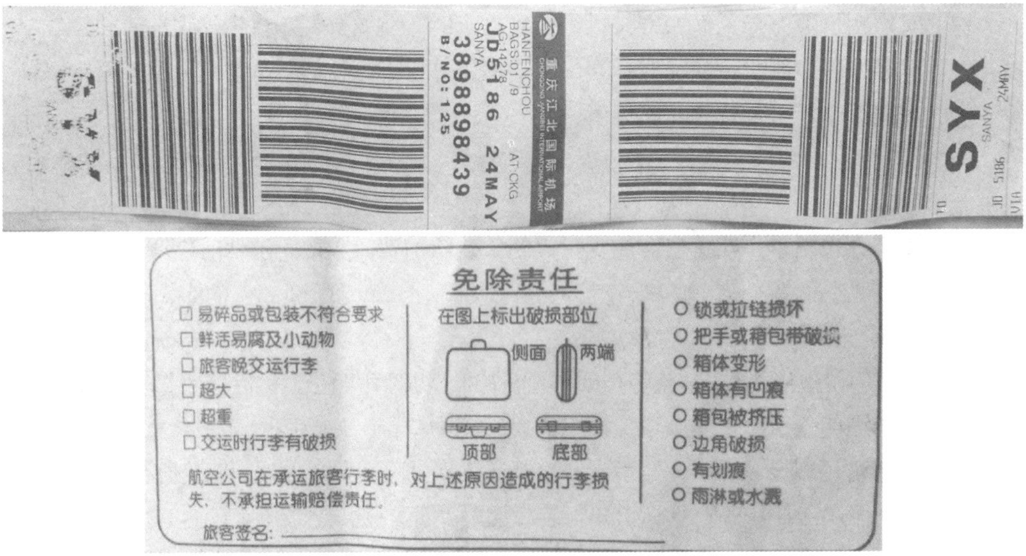

图 4-2　行李条

图 4-3　速运行李牌

图 4-4　行李牌

二、行李标识

行李标识是行李运输的辅助识别标志，与行李牌一并使用。

（1）手提行李标识：旅客手提行李的识别标志。

（2）旅客名签：旅客行李的辅助识别标志；旅客名签由旅客自行填写姓名、地址、电话号码等内容，并粘贴在行李上。

（3）重要旅客行李标识（红色）：重要旅客托运行李的识别标志，如图 4-5 所示。

（4）头等舱旅客行李标识（红色）：头等舱旅客托运行李的识别标志，如图 4-6 所示。

（5）后装先卸/优先行李标识或称装门口行李标识（红色）：放置在行李舱门口以便到达站首先卸下的托运行李的识别标志，如图 4-7 所示。

（6）易碎易损坏行李标识（也称小心轻放行李标识）：易碎易损坏托运行李的识别标志，提醒运输人员轻拿轻放，如图 4-8 所示。

图 4-5　重要旅客行李标识

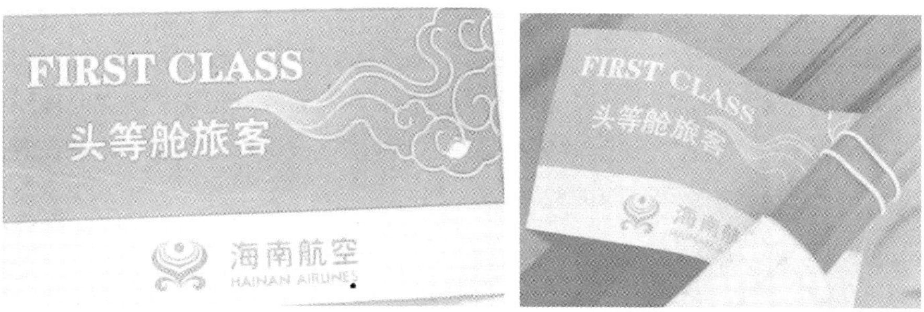

图 4-6　海南航空头等舱旅客行李标识

图 4-7　南方航空优先行李标识

图 4-8　易碎行李标识

（7）团体行李标识（若干不同颜色）：团体行李标识根据团体旅客行李的区别需要贴挂。不同团体的旅客所托运的行李，应使用不同颜色的标识以示区别。

（8）轮椅标识：作为托运行李运输的轮椅的识别标志。

（9）重行李标识：单件超过30千克的托运行李的识别标志，提醒搬运人员操作时注意方法和姿势。

（10）无成人陪伴儿童行李标识：无成人陪伴儿童行李的识别标志。

三、行李牌及行李标识的管理

行李牌及行李标识应妥善保管，由地面服务代理单位指定专人负责，设置专柜存放。值机员在办理乘机手续前从保管人处登记领取，在航班结束后，将未使用的行李牌及行李标识整理、清点，向执行下一航班的值机员进行交接使用或者直接交回保管人处存放。

第四节　行 李 收 运

一、行李收运的基本规定

（一）拒绝运输权

（1）旅客的托运行李、手提行李和随身携带物品，如果属于或夹带有不得作为行李运输的物品，航空公司有权拒绝接受该行李的运输。

（2）如果旅客没有或者拒绝遵守有关限制运输的规定，航空公司有权拒绝该物品的运输。

（3）旅客的托运行李、手提行李和免费随身携带物品，因其形态、包装、体积、重量或者特性等原因不符合航空公司运输条件的，旅客应加以改善。如果旅客不能或者拒绝改善，航空公司有权拒绝接受该行李的运输。

（二）行李安全检查权

（1）旅客的行李和免费随身携带物品必须经过安全检查。

（2）航空公司为了运输安全原因，可以会同旅客对其行李进行检查；必要时可会同有关部门进行检查。如果旅客拒绝接受检查，航空公司有权拒绝接受该行李的运输。

（3）无人伴运行李（公务免单行李、运输差错行李）的运输要有单独的存放区，在运输和保存时要经过安全检查，不低于其他行李的安全检查标准。

（三）非托运行李控制

（1）为了维持飞机客舱的内部秩序和保障飞机安全，对旅客带入客舱运输的手提行李应进行控制。

（2）非托运行李控制可采用在乘机手续登记处、旅客安检口、航班登机口等地点设点检查的方式。

（3）在非托运行李控制点应设立非托运行李标准尺寸，作为控制的依据。

（4）超过规定限制的非托运行李，应作为托运行李托运。

（5）登机口若发现超过体积限制的旅客非托运行李，应按以下办法处理：提请旅客作为托运行李办理；提请旅客注意行李锁好或者取出贵重物品等；按"旅客晚交运行李"的责任项目，贴挂免除责任行李牌；将行李装入货舱运输。

（四）行李收运要求

1. 散客行李收运

旅客应凭有效的客票托运行李。旅客不得利用机票托运或者捎带非旅客本人的行李物品及行李领取牌。

（1）航空公司只在航班离站当日办理乘机手续时收运行李。如果旅客要求提前托运，可事先约定。

（2）托运行李必须经过安全检查。

（3）托运行李收运后，应将件数、重量填写在客票的"件数"栏和"重量"栏内。

（4）手提行李，应与托运行李合并计重，填写行李票后由旅客带入客舱自行照管。

2. 团体旅客行李收运

（1）承运人一般应在离站当日办理乘机手续时收运行李；如果团体旅客的行李过多，因其他原因需要提前托运时，可与旅客约定时间、地点收运。

（2）团队旅客要求提前托运行李，值机人员应积极合作，但应征得值机人员同意。

（3）团体旅客交运的行李可以合并计算。团体旅客交运的行李总件数和总重量仅在团体负责人的客票上填写，在客票的"签注"栏内注明"PL"代号，在代号后面注明团体旅客的总人数，其他同行旅客的票上作"✓"号，表示其行李已办理交运手续。同行、家庭等旅客的交运行李合并计算时，可参照此办法办理。

（五）行李称重

（1）行李收运时，应将旅客的托运行李和手提行李分别称重，计算重量。

（2）行李重量以千克为单位，不足 1 千克的，尾数四舍五入。

（3）行李称重要准确，行李逾重要收取逾重行李费的，称重时应将重量告知旅客。

（六）行李挂牌

1. 一般规定

（1）旅客的每件托运行李应贴挂行李牌，并将识别联粘钉在客票上交付旅客。

（2）除贴挂行李牌外，应根据情况选择贴挂行李标识。

（3）贴挂行李牌时，若托运行李上还贴挂有旧的行李牌，应将旧牌取下。

2. 免责行李范围

（1）收运下列有运输责任争议的行李时，旅客若坚持要托运，应填写“免除责任”栏，以免除航空公司相应的运输责任。具体有以下几种情况：①易碎品或包装不符合要求；②鲜活易腐及小动物；③旅客晚交运行李；④超大行李；⑤超重行李；⑥交运时行李有破损。

（2）“免除责任”栏的填写。“免除责任”栏如图 4-9 所示。

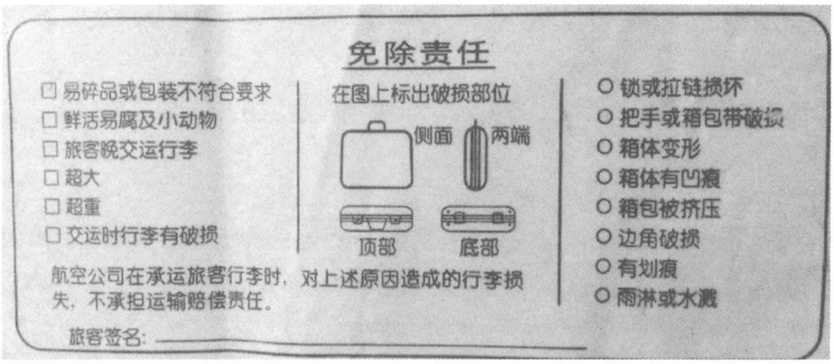

图 4-9 “免除责任”栏

① 应根据旅客托运行李的实际情况，在免除的责任项目相应的“□”内打“✓”。

② 如果行李在收运时已破损或者有残迹，还应同时在“免除责任”栏标出行李破损或者残迹的位置。

③ 在“免除责任”栏的正面填明行李的到达站，背面填明航班号。

④ 向旅客当面说明行李所属的情况及其应负的责任。

⑤“免除责任”栏应经旅客签字，方为有效。

（七）行李票填写

（1）在客票相应航段的“托运行李”栏和“手提行李”栏内应分别填明旅客托运行李的件数、重量和手提行李的重量；客票中无“手提行李”栏的，应在“签注”栏内注明“UNCK”代号及手提行李的重量。

（2）旅客无托运行李，应用一条横线画去相应航段的“托运行李”栏。旅客无手提行李时，无须填写“手提行李”栏。

（3）旅客托运行李合并计算时，将托运行李的总件数和总重量填写在领队或者其中一本客票的“托运行李”栏内，并在该客票“签注”栏内注明“PL”代号及合并托运行李的人数。其他旅客客票的“托运行李”栏内填写“PL”代号和领队客票号码的最后 3 位数字。

二、特殊行李物品的收运

（一）易碎、贵重物品

贵重物品一般是指体积较小但价值较高的物品，如珠宝、手机、笔记本式计算机、奖牌等。重要文件和资料、外交信袋、证券、货币、汇票、贵重物品、易碎易腐物品，以及其他需要专人照管的物品，不得夹入行李内托运。承运人对托运行李内夹带上述物品的遗失或损坏按一般托运行李承担赔偿责任。

（二）占座行李

（1）旅客行李（如乐器、机要文件或外交信袋等）必须占用座位时，应在订座时提出申请，在取得航空公司同意后方可运输。

（2）占用每一座位的行李的总重量不得超过 72 千克，总体积不得超过 40 厘米 × 60 厘米 × 100 厘米，在整个旅途中行李用安全带加以固定，必要时需用紧固物系扎牢固。

（3）占用座位的机要文件或外交信袋应根据所占座位数按照运输起讫地点之间与该机要信使所持客票相同票价等级购买占座客票。

（4）占用座位的机要文件或外交信袋，运费按下列两种办法计算，取其高者：根据占用座位的机要文件或外交信袋的实际重量，按逾重行李费率计算运费；根据占用座位的机要文件或外交信袋占用的座位数，按照运输起讫地点之间与该机要信使所持客票票价等级相同的票价计收运费。

（5）在办理乘机手续时，占座行李重量应予重新确认。若有变化，应计算出是否补收差额。差额可用收取逾重行李费方式或者用 MCO（旅费证）补付。

（三）精密仪器、电器、乐器等类物品

1. 精密仪器、电器等类物品

此类物品一般应作为货物运输，若旅客坚持要求作为托运行李运输，则应符合航空公司要求。以下为海南航空公司标准。

（1）尺寸要求。单件重量不能超过 50 千克，三边尺寸不能超过 40 厘米 ×60 厘米 ×100 厘米。对于实行计件制收费的航线，如中美航线、中加航线，单件托运的精密仪器、电器重量不得超过 32 千克，体积三边之和不得超过 62 英寸（158 厘米）。

（2）包装要求。精密仪器、电器等类物品必须有出厂包装或者有符合航空公司托运行李要求的包装，方可进行行李托运。建议旅客在托运精密仪器、电器等类物品的时候用硬壳箱包装好，并在箱内进行内物填充防止其在运输过程中左右摇晃造成不必要的损坏。

（3）收费要求。对于实行计重制的航线，精密仪器、电器等类物品的重量不得计算在

免费行李额内，应按照逾重行李收费标准收取运输费用。对于实行计件制收费的航线，如中美航线、中加航线，应按照一个标准费率收费。

2. 乐器

航空公司接受不超过尺寸和/或重量限制的乐器作为托运行李或机舱座位放置行李登机。具体要求如下（海南航空公司标准）。

（1）尺寸要求。对于单件体积不超过 20 厘米 × 40 厘米 × 55 厘米的乐器，旅客可以作为随身携带物品带入客舱，并计入免费行李额，放入乘客前面的座位下或者机舱头顶行李架中。对于单件体积超过 20 厘米 × 40 厘米 × 55 厘米，但不超过 40 厘米 × 60 厘米 × 100 厘米，重量不超过 50 千克的乐器可以作为托运行李运输。对于单件体积超过 40 厘米 × 60 厘米 × 100 厘米，或重量超过 50 千克的乐器，必须作为货物运输。

（2）包装要求。对于托运行李，乘客必须将乐器放在特制的硬边或防压容器内托运。

（3）收费要求。对于实行计重制的航线，乐器作为行李托运，可计入免费行李额内，超出免费行李额须交逾重行李费。对于实行计件制收费的航线，如中美航线、中加航线，作为行李托运，乐器不计入免费行李额，须单独收费 80 美元/件。

（4）办理托运行李要求。值机人员在为携带乐器类物品的旅客办理乘机手续过程中，应为乐器拴挂免责行李牌并请旅客签字确认。对于乐器在运送过程中发生的损坏或延误，航空公司不承担任何责任。乐器运送无法购买行李声明价值。

（四）折叠轮椅、电动轮椅

（1）折叠轮椅、电动轮椅是行动不便的旅客旅行中使用的助步工具。

（2）折叠轮椅、电动轮椅可以作为托运行李运输而不计算在免费行李额内。

（3）电动轮椅在办理托运时，必须符合下列条件：电池必须断路，两极用胶带包好以防短路，并牢固地附于轮椅上；轮椅两侧贴上“向上”标识，以避免倒置；轮椅在装卸过程中始终保持直立，并应在货舱内进行固定，以防滑动。

（4）经航空公司同意并事先安排的在上下机过程中使用自带轮椅的旅客（如团体轮椅旅客），其轮椅按下列办法处理：在登机口收运轮椅；拴挂免除责任行李牌；将收运的轮椅装入货舱门口位置；到达站应首先将托运的轮椅卸下，运至登机口，供旅客下机时使用；收运上下机使用的自带轮椅应填写特殊行李通知单，通知机长；应将轮椅的收运情况通报有关部门（如配载等），以便向经停站和到达站拍发电报。

（五）管制刀具以外的利器、钝器

（1）管制刀具以外的利器、钝器，是指管制刀具以外的其他刃长超过 6 厘米但含不超过 6 厘米的医用手术刀和非常锋利结实的专用刀等刀具和钝器，包括生活用具和生产工具，如菜刀、水果刀、餐刀、工艺品刀、手术刀、剪刀、镰刀，以及演出用刀、剑、矛，古董或者作为旅游纪念品的刀、剑，以及钢锉、铁锥、斧子、短棍、锤子等。

（2）管制刀具以外的利器、钝器，必须放入托运行李内运输，旅客不得随身携带。小件限制物品若未放入托运行李内运输，可由安检部门装入限制物品袋，交机组在飞行途中保管，到达目的地后，由机组在旅客下机前交还旅客。

（3）国内旅客持有匕首佩带证、少数民族人员在民族自治地方区域内乘机或者境外旅客在我国民族自治地方购买的少数民族刀具（如藏刀、腰刀、靴刀），可按管制刀具以外的利器、钝器办理，将刀具放入托运行李内托运。

（六）干冰

用于低温冷藏或者放在易腐物品内的干冰，须经航空公司同意后才可随冷藏物品携带，但每位旅客随身携带的干冰总重量不得超过 2.5 千克。

（七）液态物品

旅客乘坐国内航班，自理行李可携带的液态物品总量不得超过 1 升，液态物品经开瓶检查确认无疑后，方可携带。对于部分配备足够数量液态物品安全检查设备的机场，液态物品经设备检查无疑后，可不再执行开瓶检查要求。其他超出部分需要办理托运。旅客在候机隔离区内购买的液态物品可以带上飞机。旅客携带的婴儿奶粉/牛奶/母乳等液态制品（需有婴儿随行），糖尿病或其他疾病患者必需的液态药品（凭医生处方或者医院证明，在药店购买的除外），经安全检查确认无疑后，可适量随身携带。对旅客携带酒类物品乘坐民航飞机，数量适度放开，但必须办理托运手续。

（八）警卫人员携带的武器

（1）警卫人员在执行保护国家列名警卫对象和来访外宾的任务时，可以携带武器乘机，包括为执行任务单独往返乘机。

（2）警卫人员携带武器乘机，须有有关部门开具的持枪证明信和警卫人员本人持枪证。

（3）警卫人员乘机，需由警卫人员本人采取枪弹分开的办法随身携带，不需交机组保管。

（4）机场安检护卫部门负责查验警卫人员携带武器的乘机资格，确认枪弹分离后填写携枪警卫人员登记通知单，并交航班机长签字予以承运。

（九）小动物、导盲犬、助听犬

1. 小动物

小动物是指家庭驯养的小狗、猫、鸟等。其他玩赏宠物、野生动物和具有形体怪异或者易于伤人等特性的，如蛇、狼犬等，不属于小动物范围，不能作为行李运输，只能作为货物运输。

（1）携带小动物乘机，必须在订座或者购票时提出，并提供动物检疫证明，经航空公司同意后方可托运。旅客应在乘机当日离站 2 小时前将小动物自行运到机场办理手续。

（2）小动物国内运输所需文件：有效的动物检疫证明，其中至少包含狂犬疫苗注射证明；导盲犬、助听犬、救助犬等工作犬运输所需文件，除需备齐上述证件外，还应携带有效的动物训练合格证明书、动物工作证或/和动物身份证。

（3）装运小动物的容器应符合下列要求：①能防止小动物破坏、逃逸和防止其将身体某一部位伸出容器以外损伤人员、行李、货物或者飞机；②能保证小动物站立和适当活动，保证空气流通，不致使其窒息；③能防止粪便渗溢，以免污染飞机、机上设备及其他物品。航空公司建议旅客使用专用航空箱运输动物。专用航空箱在专业宠物店有售，式样如图 4-10 所示。

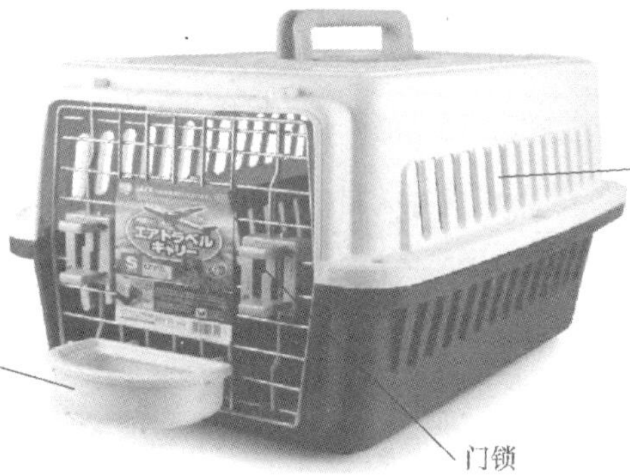

图 4-10　专用航空箱

（4）小动物及其容器和携带的食物的重量，不计算在免费行李额内，应按逾重行李交付运费。所有的小动物（包括工作犬及非工作犬）都不办理声明价值。

（5）旅客应对托运的小动物承担全部责任。在运输中除航空公司原因外出现的小动物受伤、患病和死亡，航空公司不承担责任。值机时给小动物拴挂免除责任托运行李牌、优先行李标签，并请旅客在免责行李牌上签字。

2. 导盲犬、助听犬

导盲犬、助听犬是指经过专门训练为盲人导盲或者为聋人助听的犬类，在旅行中旅客需依靠它的帮助。

（1）导盲犬、助听犬的运输，参照上述小动物的规定办理。导盲犬、助听犬在符合承运人运输条件的情况下可以由盲人或者聋人旅客本人带入客舱运输。带入客舱运输的导盲犬、助听犬不必装在容器中，由主人负责看管，戴上口罩及项圈，安排工作犬坐在旅客座位的前下方。旅客必须安排在过道的座位。在整个空中运输过程中，旅客不得为工作犬喂食，只能为其饮水。

（2）对未提前提出小动物运输申请的旅客，值机人员应尽量协助其办理乘机手续，但不能延误航班正常起飞。值机人员应检查该小动物的相关证件，并检查工作犬容器的包装是否符合要求。是否为工作犬，可通过动物身上的服务性标识，如佩戴“service animals”绶带及工作证判断。查验离港系统服务代码，客舱运输为“PETC”，托运行李为“AVIH”。

（3）导盲犬、助听犬连同其容器和食物可以免费运输而不计算在免费行李额内。

（十）体育器材及运动物品

1. 体育运动用枪支/子弹

（1）体育运动用枪支、子弹作为托运行李，必须在订座或者购票时提出，经航空公司同意后方可办理。

（2）旅客应在乘机当日航班离站时间 90 分钟前将物品自行运到机场办理托运手续。

（3）体育运动用枪支、子弹凭省、市级以上体育行政部门的证明收运。

（4）收运体育运动用枪支、子弹，应将枪支内的子弹取出，枪支与子弹分开包装，包装须经航空公司认可。

（5）每位旅客体育运动用子弹的限量为 5 千克。

（6）团体旅客的体育运动用子弹不得集中包装托运，必须分别装箱。

（7）旅客托运体育运动用枪支、子弹的重量，不得计算在免费行李额内，应按逾重行李计收运费。

（8）收运体育运动用枪支、子弹应通知安检部门并由其与机长交接。

（9）体育运动用枪支、子弹在收运、装机、卸机、交付过程中，应有专人照看和监管。

（10）应将体育运动用枪支、子弹的收运情况通报配载部门，以便向经停站和到达站拍发电报。

2. 箭术器材

（1）允许每位乘客用一件箭术器材代替一件免费行李件数。弓和箭必须被放置在特别为运输设计的坚固且硬壳容器内加以妥善保管。

（2）计重制收费标准：旅客托运行李和箭术器材重量合并计算，超出免费行李额的部分，费用收取如表 4-4 所示。

表 4-4　箭术器材逾重收费标准

逾重千克数	收费标准
0～6 千克	按照实际逾重收取费用
7～15 千克	按照 6 千克收取费用
15 千克以上	第一个 15 千克按 6 千克逾重行李费的特别标准收费，超过 15 千克的每千克按普通逾重行李费率收费

（3）计件制航线收费标准（中美、中加航线收费按计件制）：在免费托运行李额以内不

收取任何费用，如果超出免费托运行李额，则按照超限行李收费标准收费。

3. 滑浪板

滑浪板计重制收费标准如下。

（1）旅客行李和滑浪板重量合并计算，超出免费行李额的部分，费用收取如表4-5所示。

表4-5　滑浪板逾重收费标准

逾重千克数	收费标准
0～3千克	按照实际逾重收取费用
3千克以上	按照3千克收取费用

（2）计件制航线收费标准（中美、中加航线计件制）：当滑浪板长度不超过43英寸（107厘米）时，航空公司可接受一个滑浪板或内装有最多2个滑浪板的滑浪板袋进行运送。

（3）滑浪板在免费托运行李额内不收取任何费用，如果超出免费托运行李额，则按照正常的超限行李收费标准收费。

（4）对于滑浪板在运送过程中，航空公司不对未装在硬边箱子内的滑浪板袋的损坏负责，旅客将无法购买行李声明价值。

4. 钓鱼用具

（1）计重制收费标准。旅客行李和钓鱼用具重量合并计算，超出免费行李额部分，费用收取如表4-6所示。

表4-6　钓鱼用具逾重收费标准

逾重千克数	收费标准
0～4千克	按照实际逾重收取费用
5～15千克	按照4千克收取费用
15千克以上	第一个15千克按6千克逾重行李费的特别标准收费，超过15千克的每千克都按普通逾重行李费率收费

（2）计件制航线收费标准（中美、中加航线收费按计件制）。航空公司可接受一套钓鱼用具（包括2根带卷筒的钓竿、鱼篓、渔网、一双长筒靴和一个钓鱼用具盒）替代免费托运额内的一件行李进行运送。

（3）在免费行李额以内不收取任何费用，如果超出免费行李额，则按照正常超限行李收费标准收费。

（4）钓竿容器不得超过62英寸（158厘米），超过62英寸（158厘米）的钓竿容器建议作为货物运送。钓竿、鱼篓、渔网、长筒靴须装入专门为之运输设计的坚固硬壳容器，且妥善保管。如果是其他包装材料包装的，则拴挂免除责任行李条（领取登机牌时办理），航空公司将不对钓具的损坏负责，并且旅客无法购买行李声明价值。

5．高尔夫装备

（1）航空公司可接受一套高尔夫装备（包括 14 根球棒、12 个球和 1 双鞋）替代免费托运额内的一件行李进行运送，超过部分则按照一般行李收费标准处理。

（2）计重制收费标准。旅客行李和高尔夫装备重量合并计算，超出免费行李额的部分，费用收取如表 4-7 所示。

表 4-7 高尔夫装备逾重收费标准

逾重千克数	收费标准
0～6 千克	按照实际逾重收取费用
7～15 千克	按照 6 千克收取费用
15 千克以上	第一个 15 千克按 6 千克逾重行李费的特别标准收费，超过 15 千克的每千克按普通逾重行李费率收费

（3）计件制航线收费标准（中美、中加航线收费按计件制）。对于跨太平洋航班，高尔夫球袋在免费行李额以内不收取任何费用。如果超出免费行李额，每位旅客仅一套高尔夫装备适用于特殊收费政策，即按照一个收费标准的 50% 收取费用。

注意：中美航线每个标准收费为 110 美元，如果使用人民币支付，以行李票填开当日的汇率为准，中加航线每个标准收费为 1020 元人民币或 160 加元，如果以其他货币支付，按结算当日汇率进行结算。除此以外其他超过免费托运额的高尔夫装备，则按照正常的超额行李收费标准收费。

6．潜水装备

（1）航空公司接受一个装有潜水装备的潜水袋（并非空潜水瓶）作为免费托运额内的一件行李进行运送，潜水装备包含空潜水瓶，鱼枪上若有二氧化碳气罐，则气罐必须是空的。

（2）旅客行李和潜水装备重量合并计算，超出免费行李额的部分，费用收取如表 4-8 所示。

表 4-8 潜水装备逾重收费标准

逾重千克数	收费标准
0～6 千克	按照实际逾重收取费用
7～15 千克	按照 6 千克收取费用
15 千克以上	第一个 15 千克按 6 千克逾重行李费的特别标准收费，超过 15 千克的每千克按普通逾重行李费率收费

（3）计件制航线收费标准（中美、中加航线收费按计件制）。潜水装备在免费行李额以内不收取任何费用。如果超出免费行李额的，中美往返航线按照一个收费标准收取费用。

（4）所有器材须装入专门为之运输设计的坚固硬壳容器。如果是其他包装材料包装的，则拴挂免除责任行李条（领取登机牌时办理），航空公司对此行李不进行赔偿。

7. 雪橇及滑雪装备

（1）航空公司接受一套雪橇/滑雪装备代替免费托运额内的一件行李进行运送。雪橇/滑雪装备仅作为托运行李进行运送。一套雪橇/滑雪装备的定义：一个雪橇袋，内装有最多两双雪橇和一个雪靴袋；或者，一个滑雪板袋，内装有最多两个滑雪板。

（2）旅客行李和雪橇及滑雪装备重量合并计算，超出免费行李额的部分，费用收取如表 4-9 所示。

表 4-9　雪橇及滑雪装备逾重收费标准

逾重千克数	收费标准
0～3 千克	按照实际逾重收取费用
3 千克以上	按照 3 千克收取费用

（3）计件制航线收费标准（中美、中加航线收费按计件制）。雪橇/滑雪装备在免费行李额以内不收取任何费用。如果超出免费行李额，每位旅客仅一套雪橇/滑雪装备适用于特殊收费政策，即按照一个收费标准的 33% 收取费用。

（4）所有器材装入专门为之运输设计的坚固硬壳容器。如果是其他包装材料包装的，则拴挂免除责任行李条（领取登机牌时办理），航空公司将不对此行李进行赔偿。

8. 冲浪装备

（1）航空公司仅接受冲浪装备作为托运行李进行运送。每一件冲浪板的整体尺寸（长 + 宽 + 高）必须小于 277 厘米（109 英寸）并且单边不得超过 203 厘米（80 英寸），包括桅杆、臂杆和帆在内的一件风帆冲浪板。

（2）计重制收费标准。旅客行李和冲浪装备重量合并计算，超出免费行李额的部分，费用收取如表 4-10 所示。

表 4-10　冲浪装备逾重收费标准

逾重千克数	收费标准
0～6 千克	按照实际逾重收取费用
7～15 千克	按照 6 千克收取费用
15 千克以上	第一个 15 千克按 6 千克逾重行李费的特别标准收费，超过 15 千克的每千克按普通逾重行李费率收费

（3）计件制航线收费标准（中美、中加航线收费按计件制）。仅接受冲浪装备作为托运行李进行运送。每一件冲浪板的整体尺寸（长 + 宽 + 高）必须小于 277 厘米（109 英寸）并且单边不得超过 203 厘米（80 英寸），包括桅杆、臂杆和帆在内的一件风帆冲浪板；不接受冲浪设备作为免费托运行李。每位旅客仅一套冲浪装备适用于特殊收费政策，即按照一个收费标准的 50% 收取费用。

（4）冲浪板必须被放置在专门为之运输设计的坚固硬壳容器内。若未以此类容器包装，将在冲浪板上拴挂免除责任行李条（领取登机牌时办理），航空公司将不会对此行李进行赔偿，并无法购买行李声明价值。

9. 保龄器材

（1）允许每位乘客用一组保龄器材代替一件免费行李。

（2）一组保龄器材包括 1～3 个保龄球（航空公司允许一个包内最多放 3 个保龄球）；一个保龄球包；一双保龄球鞋。

（3）含有浓度 70% 以上的丙酮或酒精的保龄器清洁剂被视为危险品，不能作为托运行李或手提行李办理。

（4）计重制收费标准。旅客行李和保龄器材重量合并计算，超出免费行李额的部分，费用收取如表 4-11 所示。

表 4-11 保龄器材逾重收费标准

逾重千克数	收费标准
0～6 千克	按照实际逾重收取费用
7～15 千克	按照 6 千克收取费用
15 千克以上	第一个 15 千克按 6 千克逾重行李费的特别标准收费，超过 15 千克的每千克按普通逾重行李费率收费

（5）计件制航线收费标准（中美、中加航线收费按计件制）。在免费行李额以内不收取任何费用，如果超出免费行李额，则按照超限行李收费标准收费。

（6）保龄器材必须放置在专门为之运输设计的坚固硬壳容器内。若未以此类容器包装，将拴挂免除责任行李条，航空公司将不会对此行李进行赔偿，并且旅客无法购买行李声明价值。

10. 自行车

（1）自行车一般应作为货物运输，若作为行李运输，应征求航空公司同意后才能托运。

（2）航空公司仅接受无发动机的旅游、比赛或双人自行车作为托运行李登机。航空公司允许一位乘客携带一辆非机动自行车或者最多两辆非机动自行车装在一个箱子或专用的袋子内托运。作为托运的自行车必须符合航空公司托运行李尺寸要求。超过托运行李尺寸及重量规定的自行车必须作为货物运送。

（3）自行车在免费行李额以内不收取任何费用。在实行计重制的航线上，如果超出免费行李额，则按照逾重行李收费标准收费。

（4）在托运自行车时，自行车把手需要固定在侧面且去掉脚踏板，或者把手和脚踏板均用保护性包装材料包裹，同时要把自行车车胎里的气放完。航空公司不接受不符合包装的自行车登机。航空公司建议旅客把自行车装进自行车专用箱或自行车专用车袋里托运。

（5）值机人员在为旅客办理自行车托运手续时，应在行李上拴挂免责行李牌并让旅客在免责行李牌上签字。对于自行车在运送过程中发生的损坏或延误，航空公司不承担任何责任，旅客也无法购买行李声明价值。

11. 骨灰

（1）骨灰应按货物进行运输，如果作为行李运输，应经航空公司事先同意。

（2）骨灰如果作为托运行李运输，航空公司只承担一般托运行李责任。

（3）托运的骨灰应装在密封的罐或者盒内，外面用木箱套装并加衬垫，最外层用布包装。

（4）在骨灰盒的外包装和携带骨灰盒旅客的情绪不致引起其他旅客觉察和反感的情况下，若旅客要求，可带入客舱运输。

第五节　行李运载与装卸原则

一、一般规定

（1）旅客的托运行李，应与旅客同机运送，若旅客未能乘机或者取消旅行，应卸下该旅客的托运行李（严禁“人不走，行李走”）。如果不能与旅客同机运送，应向旅客说明，并优先安排在载量允许的后续航班上运送。

（2）旅客的逾重行李在其所乘飞机载量允许的情况下，应与旅客同机运送。如果载量不允许，而旅客又拒绝使用后续可利用航班运送，航空公司可拒绝收运旅客的逾重行李。

（3）在托运行李的运输和装卸过程中，地面服务装卸人员应根据天气情况或天气预报，及时使用雨篷，做好防雨、防雪工作。

（4）前后舱装卸要求。装载时，先前舱，再后舱；卸载时，先后舱，再前舱。

（5）应当建立行李监装监卸、航班不正常行李监卸、行李分拣操作工作流程，并指定专人负责监督每一操作过程。

二、行李分拣要求

（1）当行李下到水平传送带上时应及时分拣搬运，不得造成行李在传送带上积压。

（2）分拣行李时，查看到达站、航班号，分拣要准确，将行李按航班码放整齐（堆放层数不得超过 4 层），应做到重不压轻、大不压小、不扔摔行李，易碎物品应轻拿轻放。

（3）在航班乘机手续截载后，行李分拣人员要与值机人员就所有优先行李的件数、重量、号码和目的站进行确认。

（4）分拣行李拖卡上应标示航班号、飞机号，拖卡应有防雨措施。

（5）分拣中凡发现有航班号不清楚、掉牌等不能确定分拣的行李，不允许凭主观猜测，必须立即通知值机人员，待值机人员确认后才能确定分拣的航班。

（6）在航班乘机手续截载后，行李分拣人员必须与值机人员核对已办理的托运行李件数。如果出现件数不符，立即查找传送带周围及传送带卷帘门以下区域，并请值机人员协助查找；如果查找后行李数量仍不相符，必须按照“旅客不走，行李不装”的原则操作，并在不影响航班正常起飞的情况下，继续查找，找到后应尽快通过本次航班或最早后续航班运输。如果本次航班没有运输的行李，应及时通知旅客和后续航站行李查询单位。

（7）行李分拣人员与行李搬运队（或监装人员，由机场地面代理单位设定职责）交接行李，记录行李交接时间及行李数量，并督促搬运队尽快将行李运出装机；在航班截载后，行李分拣人员接收到值机/登机口人员有关增加/拉减行李的信息后，及时与行李搬运队交接，并通知行李搬运队及时装机/拉减行李，严禁“旅客不走，行李走”。

三、行李装机要求

（1）行李装机人员应根据配载平衡工作人员的装机指令，将行李装载至相应机舱位置。

（2）行李装机人员应将所有优先行李装在货舱舱门口位置（具体前后货舱根据装机指令），宽体客机应把装有优先行李的集装箱最后装机，放在货舱的舱门口位置，以方便到达站行李装卸人员优先交付优先行李。对于宽体客机，优先行李不得装入散货舱。

（3）严禁优先行李、中转行李、普通托运行李混装。

（4）装机后，装机情况无法满足装机指令要求的，行李装机人员应及时通报行李监装人员，行李装机人员根据行李监装人员的指令进行后续作业。

（5）装机时，应做到轻拿轻放、重不压轻、大不压小、不扔摔行李。

（6）所有托运行李在起飞时间前 10 分钟装载完毕，装载正点率为 100%。

四、行李监装要求

（1）地面服务代理单位必须安排专人负责对每个航班行李装机进行现场监控。

（2）行李监装人员在每个航班装载作业前，应主动、准确地向配载单位获取行李装载指令，并将指令及时、准确地传递给行李装机人员。

（3）行李监装人员应监控行李装机人员按照配载平衡工作人员的要求正确、及时地装机。

（4）监装人员应严格监控行李装卸人员作业，避免出现行李装卸人员摔扔行李的现象。

（5）航班装载完毕后，行李监装人员应向配载平衡工作人员通报实际装载情况。

（6）如果装机情况无法满足装机指令要求，行李监装人员应及时通报配载平衡工作人员，根据配载平衡工作人员的最终装载指令通知行李装载人员调整行李装载作业，调整完毕后，将实际装载情况再次通报配载平衡工作人员。

（7）根据值机单位、登机口工作人员提供的行李增加或减少信息，监控行李装机人员及时接收或拉减行李。

（8）行李监装人员应记录飞机上装载行李件数，并与行李分拣人员、配载平衡工作人员三方核对数量。

（9）对于装机过程中出现的行李破损等异常情况，应进行记录（行李装机事故签证），并将信息通报给本站行李查询单位和后续航站行李查询单位。

（10）航班不正常时，旅客要求办理全部或部分行李退运，则根据值机员提供的行李牌号码查找行李，并将行李送到值机人员指定的位置。

（11）当航班取消或航班长时间延误时，则需要将行李存放在不正常航班行李指定存放地点。对于不能同机运输的行李应妥善保管。

五、行李卸机要求

（1）行李装卸部门提前准备好足够的行李托卡或托盘。

（2）行李卸机人员应根据配载平衡工作的要求，准确进行行李卸载。

（3）卸机时，应做到轻拿轻放、重不压轻、大不压小、不摔扔行李，及时将行李放置在托卡内。

（4）对于拴挂优先行李牌的行李要求最先卸下，放置在专用托卡内；或在优先行李数量较少的情况下，放置在托卡的最外面或最上面。

（5）在雨雪天气，应有防护措施，防止行李损失。

六、行李监卸要求

（1）地面服务单位必须安排专人负责对行李卸机进行现场监控。

（2）行李监卸人员应监控行李卸机人员按照配载平衡工作人员的要求正确卸机。

（3）监卸人员应严格监控行李装卸人员作业，避免出现行李装卸人员摔扔行李现象。

（4）监卸人员应记录飞机上卸机行李件数，并通报行李分拣人员。

（5）对于装机过程中出现的行李破损等现象，应进行记录（行李装机事故签证），并将信息通报给本站行李查询单位。

第六节　行 李 交 付

一、交付时间的规定

（1）飞机到达停机位后，交付行李应准确、迅速。

（2）基地、场站地区首件行李交付时间。窄体飞机（B737 类），第一件行李应在飞机到达后 15 分钟内交付给旅客（远机位在 20 分钟内），所有行李 60 分钟内交付完毕；宽体飞机（B767 以上类）到站后，第一件行李应在 20 分钟内交付给旅客（远机位在 25 分钟内），所有行李 1 小时 20 分钟内交付完毕。

二、交付程序

（1）旅客应在航班到达后，立即在机场指定的行李交付区域凭行李牌的识别联领取行李，必要时应交验客票。

（2）航空公司或其地面服务代理机场行李查询部门行李服务人员应逐件核对托运行李上行李牌运输联的号码和旅客持有的行李牌识别联号码，号码一致时，方可将行李交付给旅客，同时回收旅客手中的行李牌识别联。回收以后的行李牌识别联应妥善保存至少 7 天以上，然后按销毁作废处理。航空公司对于领取行李的人是否确系旅客本人，以及由此造成的一切损失，不承担责任。

（3）旅客行李延误到达后，应立即通知旅客提取，也可将行李直接送达旅客。

（4）旅客遗失行李牌的识别联，应立即向航空公司挂失。旅客若要求领取行李，应向航空公司提供足够的证明，并在领取行李时按航空公司要求出具收据。若在声明挂失前行李已被冒领，航空公司不承担责任。

（5）旅客在领取行李时，如未提出书面异议，应即认为该托运行李已经按照运输合同完好交付。

（6）对贴挂免除责任行李牌的行李，应核对牌上注明的免除责任项目，向旅客进行免责交付。

三、交付要求

（1）在行李交付场地，应安排工作人员进行巡视，及时协调处理行李交付过程中出现的异常情况。

（2）行李交付时，工作人员应记录交付行李件数。

（3）行李交付顺序为优先行李—中转行李—其他普通旅客行李。对于需要在飞机舱门口交付的行李，应及时将行李完好地交付旅客。

（4）优先行李应把手朝上或朝外置于行李转盘上，做到轻拿轻放，不干净的行李要用抹布擦干净。摆放优先行李时每件行李间的间隔应在 70 厘米左右。对于行李交付使用传送带的机场，先摆放交付完优先行李后再摆放普通旅客的行李。

四、行李保管及无人认领行李的处理

（一）行李保管

（1）航空公司或者地面服务代理机场行李查询部门应设立行李库房，妥善保管旅客尚未提取的行李和无人认领行李。对于旅客尚未提取的行李、无人认领行李等不正常运输行李，发现时应立即收入行李库房，妥善保管。

（2）行李保管期间，不得私自开启行李。由于安全等原因需开启行李核实内物时，应征得行李查询部门领导的同意，有 3 人在场并做好开箱记录。

（3）行李中的易腐物品，航空公司有权在行李到达24小时后进行处理。

（4）航班到达后，如果旅客未立即提取行李，航空公司可从行李到达的次日8时起向旅客收取保管费。

（5）由于承运人原因造成行李未与旅客同机运达，航空公司应免费保管，不收保管费。

（二）无人认领行李的处理

无人认领行李是指航班到达后，行李交付工作完毕时无人提取的行李；无人认领行李应立即收入行李库房妥善保管，并按多收行李处理；无人认领行李保管90天后仍无人提取的，按无法交付的行李处理；无法交付的行李应定期清点上报，经航空公司或者地面服务代理机场行李查询部门领导批准可以按规定变卖，变卖款上交航空公司；如果在变卖后30天内旅客前来认领，可将变卖款交付旅客。

第七节　行李不正常运输

一、少收（遗失）行李

（一）少收站的处理

（1）进行本站查询，确认行李少收后会同旅客填写行李运输差错事故记录（property irregularity report，PIR）。行李运输差错事故记录是旅客申报托运行李遗失、破损或者内物丢失等不正常运输时填写的差错记录，也是承运人或其代理人为旅客进行行李查找和赔偿的重要依据。行李运输差错事故记录一式三份，一份由申报航站留存，一份由旅客收执，一份交承运人。

（2）索取旅客遗失行李的行李牌识别联、逾重行李票旅客联（或复印件）和登机牌（旅客所乘航班与客票所列航班不一致时）。

（3）对于乘航空公司航班到达的旅客，可按规定支付临时生活日用品补偿费。

（4）请旅客填写遗失行李调查表和旅客行李索赔单各一份。

（5）拍发电报查询行李。要求如下：第一次查询，行李申报遗失24小时内，向行李的始发站、经停站和航班的后续航站拍发少收行李查询电报（AHL）；第二次查询，行李申报遗失48小时内仍无线索，向未予答复的航站拍发第二次少收行李查询电报（SND）；第三次查询，行李申报遗失72小时后仍无线索，向未予答复的航站和当日从行李始发站发出的与该少收行李航班站离站时间相近的有关航班的目的站、经停站拍发少收行李电报，即普查电报（O/L TRACE）。必要时对重点航站进行重点查找。

（6）在查找过程中，应及时以信函和/或电话的方式将查找情况通知旅客。要求如下：第一次通知，第一次查询后24小时内；第二次通知，第二次查询后的24小时内；第三次通知，第三次查询后至确定行李丢失期间，但不迟于第三次查询后72小时。

（7）遗失行李找到后，应尽快交付旅客。

① 发现遗失行李下落后，服务人员通知行李滞留航站，按照速运行李形式将行李运至本站，并确定运送的航班及到达时间。

② 遗失行李到达后，服务人员协调运输车辆或者安排合适航班，保证按照与旅客约定的方式和时间将行李交付旅客。如果是旅客指定的第三方（旅客的亲属、同事或者朋友）接收/领取行李，服务人员应仔细核对证件信息，必要时，服务人员应当场直接和旅客本人联系，再次确认，并复印留底旅客指定第三方的身份证件。

（8）行李经3次查询后仍无线索仍需查找（如旅客需要行李，不接受赔偿），应按泛查电报的内容再次拍发少收行李查询电报（SND），并在电报备注栏注明“请各站协助详查”字样。

（9）经多次查找行李仍无下落，在航班到达后第21天将该行李的全部查询电报和文件交本站的行李赔偿部门，准备进行最后的查找和办理赔偿。所需的文件和资料如下：①行李运输差错事故记录一份；②遗失行李的行李牌识别联；③客票旅客联（或复印件）；④遗失行李调查表一份；⑤旅客行李索赔单一份；⑥逾重行李票旅客联（或复印件）；⑦查询行李的全部来往电报和信函；⑧登机牌（旅客所乘航班与客票所列的航班不一致时）。

（10）行李21天仍无下落，可根据情况拍发最后查询电报（FNL TRACE）。

少收行李电报释义如图4-11所示。

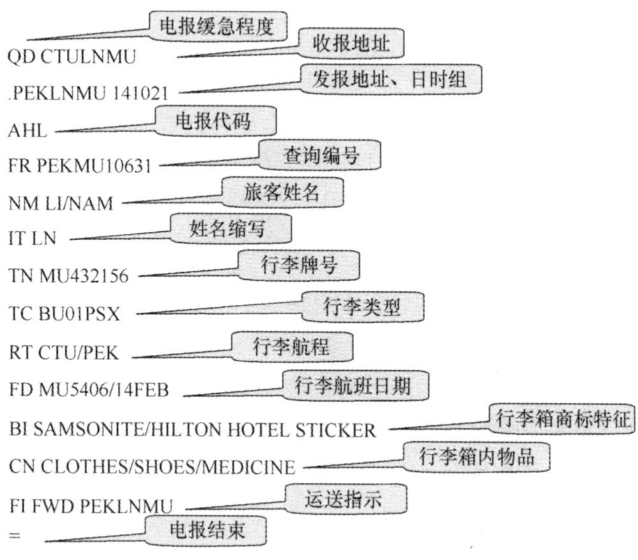

图4-11　少收行李电报释义

（二）收到少收行李查询电报航站的处理

（1）核对本站多收行李记录。

（2）如果所查行李系本站发运的行李，应核对本站的掉牌行李记录。

（3）若行李找到了，将行李按速运行李运至少收航站或者少收电报指示的航站。

（4）未查到行李，应拍发回无电报（NEG）或者确已装机（DFLD）自由格式电报。对泛查电报，如果本站非少收行李航班的运行航站，可不拍发回无电报。

（5）核对外站发来的多收电报，如果发现线索，发报通知少收站或者直接通知多收站。

二、多收行李

（一）多收行李的种类

多收行李是指航班到达后，行李交付工作完毕时，无人领取的行李，包括挂有到本站行李牌的行李、挂有非到本站行李牌的行李、无行李牌的行李。

（二）多收站的处理

（1）对多收行李应进行登记，按规定填写和贴挂多收行李牌，立即收入行李库房保管。

（2）对挂有到非本站行李牌的多收行李，应按速运行李办理，将行李运至行李牌上列明的目的站或者退回始发站。

（3）核对本站的多收行李。

① 核对本站的少收记录，确认为本站的少收行李后，尽快交付旅客。

② 核对外站发来的少收行李查询电报，确认为外站的少收行李后，按其指示运送或者交付行李。

③ 核对后无线索的行李，应在航班到达后 4 小时内向航班的始发站、经停站和后续航站拍发多收行李电报（OHD）。

④ 到达 72 小时后仍无线索的行李，应向重点航站拍发仍然多收电报（SHL）。

⑤ 到达后第 5 天仍无线索的行李，应向航空公司行李查询部门或者外站地面代理行李查询部门拍发多收行李电报（OHD）。

⑥ 出于安全原因开箱核实内物的行李，可根据箱内线索查找。

（三）逾期无法交付行李的处理

多收行李（包括旅客遗失物品）经多方查询仍无法找到失主，从开始保管之日起超过 90 天，即可作为无人认领行李处理。

（四）收到多收行李电报航站的处理

（1）核对本站少收行李记录，确认为本站的少收行李后，向多收站拍发索要行李电报（ROH），待收到行李后尽快交付旅客。

（2）如果是本站的少收行李，旅客不在本地，可将行李转运至旅客要求的航站。

（3）非本站的少收行李，可不予回电，但如果发现行李线索，可拍发电报将情况通知多收航站。

三、迟运行李

（一）始发站的处理

（1）将迟运行李编号，进行登记。

（2）在旅客到达目的站前，如果尚未确定运送行李的后续航班，应拍发电报，将行李迟运信息通知旅客的到达站。电报内容应包括旅客乘坐航班、迟运行李的件数和行李牌号码。

（3）已安排迟运行李运送航班的，应拍发行李运送电报（FWD）给行李的目的站。

（4）如果由于行李牌脱落，无法确定行李的目的站而造成迟运，应向当日从本站始发的与该航班办理乘机手续时行李分拣地点相同、时间段交叉的有关航班的经停站和目的站拍发多收行李电报（OHD）查询，在得到有关站的电报确认后，再将行李运出。

（5）迟运行李运送时，应按速运行李办理。

（二）目的站的处理

（1）收到外站迟运行李的电报，应做好记录，并视情况将信息通知旅客。

（2）收到行李后，立即将行李收入行李库房保管，并按速运行李办理交付。收到迟运行李运送信息，但航班到达后未收到行李，应向始发站询问。

（3）未收到外站迟运行李信息但收到行李，按多收行李处理。

四、内物丢失

（一）承运人原因造成内物丢失的处理

（1）进行本站查询。

（2）确认内物丢失，确定时必须称重。行李外包装完好且行李的重量不低于旅客客票上填明的重量数而内物短少，不视为内物丢失。

（3）会同旅客填写行李运输差错事故记录。

（4）索取旅客内物丢失行李的行李牌识别联、客票旅客联（或复印件）和登机牌（旅客所乘航班与客票所列航班不一致时）。

（5）向行李的始发站、经停站拍发电报查询。

（6）在查找过程中，应及时以信函和/或电话的方式将查找情况通知旅客。要求如下：第一次通知，申报丢失后48小时内；第二次通知，第一次通知后72小时内。

（7）丢失物品找到后，应尽快交付旅客。

（8）经查找无下落，在航班到达后第21天将该行李的全部查询电报和文件交本站的行李赔偿部门，准备办理赔偿。所需的文件和资料如下：①行李运输差错事故记录一份；②内物丢失行李的行李牌识别联；③客票旅客联（或复印件）；④查询行李的全部来往电报和信函；⑤登机牌（旅客所乘航班与客票所列航班不一致时）。

（9）可根据情况提前对旅客进行赔偿。

（二）旅客原因造成内物丢失的处理

（1）可向行李始发站或者有关航站拍发电报，为旅客进行一次性查询。

（2）丢失物品找到后，应尽快交付旅客。

（3）如未找到，应告知旅客，但航空公司不承担赔偿责任。

（4）收到内物丢失查询电报航站的处理：核对本站的捡拾物品，如果丢失物品已找到，应妥善包装，按速运行李运至查询航站；如未找到，应发回无丢失物电报（NEG）。

五、行李破损

（1）行李破损是指旅客的托运行李在运输过程中，外部受到损伤或者受污染，因而使行李的外包装或者内装物品可能或者已遭受损失。

（2）确认承运人原因造成行李破损后，应会同旅客填写行李运输差错事故记录。

（3）行李箱轻度破损，当时为旅客修复后不影响使用，不再予以赔偿，或者根据情况进行象征性的赔偿。

（4）行李箱破损，当时无法修复时，付给适当的修理费。

（5）行李箱破损以致无法使用时，向旅客提供一形状、规格基本相似的新行李箱；同意旅客在限定价格内购买一新行李箱，在赔偿期限内凭发票报销；一次性地付给旅客适当的赔偿费；办理行李破损赔偿时，应收回旅客的行李运输差错事故记录。

（6）行李破损并内物丢失：行李破损导致内物丢失时，在办理完行李破损手续后，再按内物丢失办理。但是，行李破损和内物丢失赔偿的总额不应超过每位旅客的行李赔偿最高限额。

六、速运行李

（一）运送及要求

（1）速运行李是指发生不正常运输，如迟运、多收等，需要迅速运出的行李。

（2）速运行李可使用航空公司或者其他承运人的最早可利用航班免费运送，但不得影响该航班的正常载量。行李的原承运人是航空公司时，应尽量使用航空公司的航班运送。

（3）速运行李应贴挂速运行李牌，并按要求逐项填写牌上的各项内容。

（4）向行李的目的站拍发运送电报（FWD）。

（5）按照运送电报和速运行李牌上指定的航班运送行李。

（二）交付

（1）速运行李到达后，应尽快通知旅客提取，也可按旅客要求将行李送达旅客。

（2）行李交付时，应收回行李牌的识别联和旅客的行李运输差错事故记录。如果旅客未申报过丢失，提取行李时，应向航空公司行李查询部门或者地面服务代理机场行李查询部门提供足够的证明。

七、代查行李

（一）应用范围

（1）代查行李是指只负责为旅客查找而不承担任何赔偿责任的行李物品。

（2）旅客的行李在外站就已遗失，且旅客申报遗失前，行李并非航空公司承运。

（3）行李牌丢失，客票上未注明有托运行李。

（4）旅客所持的行李牌多于客票上填明的行李件数，且收到的行李件数不低于客票上填明的行李件数。

（5）旅客无法提供所乘航班的客票和登机牌。

（6）旅客在非行李运送的目的站申报行李遗失（始发站写错或者挂错行李牌除外）。

（7）旅客行李的外包装完好，且行李重量不低于客票上填明的重量数，而内物短少。

（8）旅客原因造成的手提行李遗失。

（二）处理程序

（1）会同旅客填写行李运输差错事故记录，在“备注”栏内注明“代查”字样。

（2）代查的少收行李，参照少收行李的规定办理。

（3）代查的内物丢失，参照内物丢失的规定办理。

（4）代查的手提行李的丢失，参照内物丢失的规定办理。

八、行李收运后不正常情况的处理

（一）行李违章

（1）旅客的托运行李、手提行李中，凡夹带中华人民共和国和 / 或有关国家规定的禁运、限制携带物品或者危险品等，其整件行李称为违章行李。

（2）在始发站发现违章行李，航空公司有权拒绝收运；若已承运，有权取消运输，或者将违章夹带物品取出后运输，已收的逾重行李费不予退还。

（3）在经停站发现违章行李，应立即停运，已收逾重行李费不予退还。

（4）对违章行李中夹带的中华人民共和国和/或有关国家规定的禁运物品、限制携带物品或者危险物品，交有关部门处理。

（二）行李改运

（1）由于航空公司原因，需要安排旅客改乘其他航班，行李运输应随旅客做相应的变更。

（2）行李改运，已收取的逾重行李费多退少不补。

（3）已交付的声明价值附加费不退。

（4）特殊情况下，若行李未随旅客改运，行李在旅客之前或者之后发运，分别参照提前发运行李和迟运行李的有关规定办理。

（三）行李退运

（1）旅客在始发站行李装机前要求退运行李，或者旅客退票，应将行李退还旅客，并退还已收的逾重行李费。

（2）旅客在经停站退运行李，如果时间允许，可予以办理，但未使用航段的已收的逾重行李费不予退还。

（3）办理声明价值的行李退运时，在始发站退还已交付的声明价值附加费；在经停站已交付的声明价值附加费不予退还。

（四）因飞机限载原因托运行李的拉减处理

（1）当预计飞机限载原因，需要减载，拉减旅客托运行李时，按以下要求操作。

① 提前寻找志愿者，与旅客协商，将其托运行李拉减或为旅客办理客票变更，并提供一定的经济补偿。

② 首先考虑逾重行李拉减，在办理值机手续时，向旅客说明原因，如果旅客托运行李超重，航空公司拒绝收运。

（2）临时因配载不平衡需要拉减旅客行李，在旅客座位调整及托运行李舱位调整无效的情况下，按以下要求操作。

① 根据旅客的情况，选择出拉减行李号码，排出先后顺序。按照以下顺序拉减该旅客行李：享受优惠机票的公司职工和其家属；本站始发的航空公司工作人员；原机过境的航空公司工作人员；无订座记录而后补的旅客；其他一般旅客。注意：为保证行李能够在最短的时间内拉减，确保准确、无误，要求以上行李拴挂特殊标识或者特殊行李牌，以易于行李装卸人员辨认。

② 以下旅客的托运行李不得拉减：重要旅客及其随行人员；持航空公司贵宾卡的常旅客；头等舱旅客；经航空公司同意，事先做出安排的特殊旅客（无成人陪伴儿童、病残旅客、轮椅旅客、担架旅客等）；到达站转机衔接时间短的联程旅客；团体旅客；有特别困难给予成行的旅客。

③ 对拉减下的行李，拴挂特殊标识牌，优先安排最早后续航班承运，并通知旅客本人。

④ 因时间紧急，若在航班起飞前无法及时告知旅客，要在飞机到达前通知旅客到达站，在航班到达时，第一个通知该旅客，向旅客解释说明，告知其行李的后续安排情况。

⑤ 拉减行李按照迟运行李处理，并根据当时情况，为旅客提供必要的服务。

本章小结

民航运输过程伴随着旅客运输、货物运输及行李运输，因此，行李运输也是民航运输的重要组成部分，行李的收运要求必须符合相关法律、国际公约的规定，避免由于行李不正常运输给旅客及航空公司造成损失。本章主要讲解行李的一般规定、行李分类、行李交运、免费行李额及行李逾重费计算、特殊行李运输、行李的不正常运输等内容。要求学生熟练掌握行李交运的相关规定和要求、计重制和计件制行李逾重费的计算、常见特殊行李的运输规则、行李电报的编写、行李不正常运输的处理等技能。

自我检测与实训

一、简答题

1. 简述行李运输的一般规定。
2. 简述禁运及限运行李的种类。
3. 简述计重制和计件制行李逾重计算方法。
4. 简述常见的特殊行李的种类和运输规定。
5. 简述少收行李的处理流程。

二、实训题

1. 制作各种类型的旅客托运行李信息情境卡片，让学生随机抽取并当众读出相关信息，并写出相应的行李费用收取和处理情况。教师点评。

2. 在 PPT 上展示各种托运行李包装图片，让学生识别其包装是否符合托运要求。教师点评。

3. 给出案例资料，要求学生写出行李电报（少收行李、多收行李、速运行李等）。教师点评。

第五章 值机异常及不正常航班保障

第一节 值机异常情况的处理

一、晚到旅客

在航班有空余座位和保证航班正点的前提下，可为晚到旅客办理乘机手续，并提供必要的乘机引导服务，必要时，请示航班有关控制调度单位。晚到旅客的托运行李，如果旅客同意可按免除责任的迟运行李办理。晚到旅客如未成行，按旅客误机处理。

二、旅客误机

误机是指旅客未按规定时间办妥乘机手续或者因旅行证件不符合规定而未能乘机。旅客误机，应凭原客票办理误机确认和改乘手续后，方可继续乘机。误机旅客要求退票，按自愿退票规定办理。团体旅客误机，客票作废，票款不退。

三、旅客漏乘

漏乘是指旅客在始发站办理乘机手续后或者在经停站过站时未搭乘上指定的航班。旅客漏乘应凭原客票在乘机机场的航空公司乘机登记处办理漏乘确认并办理改乘后，方可继续乘机。对在 24 小时内未办理漏乘确认的旅客，按自动终止乘机处理，其客票乘机联不退还旅客。

航空公司原因导致的旅客漏乘的处理程序如下。

（1）应尽早安排旅客乘坐后续航班成行，免收费用。

（2）对在经停站漏乘等候乘机的旅客，可提供膳宿服务。

（3）对旅客要求退票，按非自愿退票的规定办理。

（4）处理经停站漏乘时，旅客客票可按航班中断飞行办理。

旅客原因导致漏乘的，参照旅客误机的有关规定办理。

四、旅客错乘

旅客错乘是指乘坐的不是客票上列明的航班。始发站发现旅客错乘，应通知旅客错乘的到达站，提出处理建议。经停站和到达站发现错乘，应通报旅客的错乘站。

旅客发生错乘后的处理程序如下。

（1）将旅客退回始发站，由始发站尽早安排旅客搭乘后续航班飞往客票上列明的目的地，票款不补不退。

（2）可安排旅客由错乘的到达站直接飞往目的地或采取地面运输方式将旅客运至目的地。

（3）若旅客要求在错乘的到达站终止旅行，航空公司原因造成的错乘，应将始发站至客票上列明的目的地的票价与始发站至错乘的到达站的票价相比，多退少不补。

五、旅客无票乘机

（一）在飞机起飞前发现

（1）未满 2 周岁的婴儿无票乘机，应按婴儿票价补收票款。

（2）对成人或者儿童无票乘机的处理：及时报告值班主任和商务调度室；交机场公安部门处理。

（二）在飞机起飞后发现

（1）立即通知目的站，有经停站的则通知经停站。

（2）目的站或者经停站应立即通知当地保卫部门或者其他有关部门。

（3）飞机到达后，交保卫部门或者其他有关部门处理。

（4）向无票乘机者补收所乘航段的票款。

（5）向各有关部门及主管部门领导汇报情况。

（三）对无票乘机的预防措施

（1）加强工作责任心，提高警惕，禁止无关人员接近飞机。

（2）值机或者送机人员应与乘务员、旅客引导员三方认真核对机上人数和办理乘机手续的人数是否相符。

六、登机人数和值机人数不符

（一）登机人数少于值机人数

登机人数少于值机人数，是指始发站登机旅客实际登机人数少于值机人数。发现登机人数少于值机人数时的处理程序如下。

（1）送机人员复核航班的登机人数、收取乘机联数和发放登机牌数是否一致，必要时还应检查航班有无额外占座和自理行李占座，查对登机团体的实际人数，确认航班办理的旅客人数是否有误。

（2）若航班办理的旅客人数无误，应确定未登机旅客的姓名、座位号、托运行李的件数、行李牌号和装载位置。

（3）在旅客候机活动区域内寻找旅客。

（4）若旅客仍未出现，视旅客主动放弃旅行。旅客在行李交运后未登机而终止旅行的，如果没有根据表明该旅客的行李漏检，无须清舱，但应卸下该旅客的托运行李并修改旅客登机记录和随机文件，放行飞机。

（5）取出旅客客票乘机联。

（6）取消旅客登机的时间不应早于航班规定的离站时间。

（7）查找旅客能在地面解决的，不在机上处理。

（8）被取消的未登机旅客，按旅客漏乘办理。登机旅客中少过站旅客，应迅速在过站旅客候机活动区域内寻找旅客，视情形请示机长，配合空中保卫人员或者机长指派的其他机组成员进行清舱。如果确认旅客属于私自终止旅行，没有根据表明旅客的行李漏检，无须清舱。

（二）登机旅客多于过站旅客

登机旅客多于过站旅客，是指在航班经停站实际登机的旅客人数多于过站电报或者载重表上的人数。发现登机旅客多于过站旅客的处理程序如下。

（1）如果发放的登机牌数多于过站电报或者载重表上的旅客人数，在登机时应逐一检查旅客客票。

（2）如果过站登机的旅客人数与发放过站登机牌的旅客人数一致，可修改随机业务文件，放行飞机。

（3）如果发现有过站旅客乘机联漏撕，应协助撕下并通知旅客始发站。

（4）若出现错乘情况，应及时将旅客引导下飞机。

（5）对于故意行为的无票乘机旅客，必要时应交机场公安、保卫部门处理。

（6）依照机长指示，配合空中保卫人员或者机长指派的其他机组成员进行清舱。如果没有根据表明多过站旅客的行李漏检，无须清舱。

（7）多过站旅客，应通报航班的上一起飞站。

七、登机牌遗失

（1）登机前，若旅客声明登机牌遗失，核查客票（包括乘机联和旅客联）和旅客本人有效身份证件是否一致。若挂失时旅客已通过安检，应会同安检部门核查。

（2）若属于团体旅客，应核查该团体实际人数。核查确认属本航班旅客并已办理乘机手续，可予以补发新的登机牌，但该补发牌在登机前不应交予旅客。如果旅客未通过安检应予以协助。

（3）补发的登机牌，应填上原座位号。若属于团体旅客的不能确定座位号，应注明“候补”字样。

（4）登机完毕，航班旅客人数相符，方可允许该旅客登机，同时发给补发的登机牌。

（5）如果航班登机人数不符，应查明原因，参照本节“六、登机人数和值机人数不符”相关条款的规定处理。

（6）对于故意的无票乘机旅客，必要时应交机场公安、保卫部门处理。

八、旅客拒绝登机

旅客拒绝登机，是指旅客在办理乘机手续后至航班开始登机时或者在旅客本人登机后拒绝乘机，自愿取消旅行。

（一）在登机前拒绝登机的处理程序

（1）取出旅客的客票乘机联。

（2）找出并退还旅客的托运行李，收回行李牌识别联。

（3）修改旅客登机记录和随机业务文件，放行飞机。

（4）旅客客票按旅客自愿退票办理。

（二）在登机后拒绝乘机的处理程序

（1）根据情况或者机组要求，由安检或者公安部门对飞机客舱进行安全清舱后放行飞机。如果没有根据表明该拒乘旅客的行李漏检，则无须清舱。

（2）找出并退还旅客的托运行李，收回行李牌识别联。

（3）修改旅客登机记录和随机业务文件。

（4）旅客按自动终止旅行处理，其票务处理按照市场部现行的相关文件执行。

（三）过站旅客拒绝登机的处理程序

过站旅客拒绝登机，按旅客自动终止旅行处理，未使用航段的票款不退。

九、关舱门后旅客终止旅行的处置

旅客终止旅行，是指因旅客身体不适合乘机、私人突发原因必须终止飞行，或者因当地机场或者公安部门要求旅客终止旅行等情况。航班关舱门后旅客终止旅行的处理程序如下。

（1）当航班完成地面保障关舱后，如果旅客提出终止行程，原则上不同意旅客下飞机。如果该旅客因身体原因不能继续旅行确实需要下机的，由当班机长视情形决定是否同意。或者因在机上醉酒、打架等被机长认为其不适合乘机或者被公安机关带走的，如果没有根据表明下机旅客的行李漏检，无须清舱。但是，如果该旅客有托运行李，应尽快找出和卸下该旅客的托运行李并修改随机业务文件，放行飞机。

（2）无论旅客是主动放弃旅行还是被动放弃旅行而下机的，乘务长应明确告知旅客及地面服务部门，该旅客所持客票作废，不予以退票或者改签处理。

第二节　不正常航班保障业务

一、不正常航班的定义

不正常航班是指不符合正常航班全部条件的航班。例如，发生返航、改航、备降和飞行事故等不正常情况的航班；或者取消航班不再执行或者取消航班另行补班；或者因故临时改变计划，未按原计划执行的航班。

需要注意的是，全部符合以下条件的航班为正常航班：在班期时刻表公布的离站时间前 15 分钟之内关好客货舱门的航班；在班期时刻表公布的离站时间后 15 分钟之内正常起飞的航班；在班期时刻表公布的到达站安全着陆的航班。

二、不正常航班原因分类

（1）按造成航班不正常的原因，根据中国民航局规定归类为十七大类：天气、突发事件、空中交通管制、安检、旅客、禁航、空防、机场设施、航行保障、场区秩序、飞机清洁、油料保障、联检、工程机务、航班计划、运输服务、空勤人员。

（2）按造成航班不正常的责任性质，不正常航班原因可分为承运人原因和非承运人原因两类。

① 承运人原因：工程机务、航班计划、运输服务、空勤人员。

② 非承运人原因：天气、突发事件、空中交通管制、禁航、空防、机场设施、航行保障、场区秩序、飞机清洁、油料保障、联检、安检、旅客。

三、相关岗位职责

航空公司运行管理系统客户服务席，负责当日所有不正常航班服务保障的协调、跟踪；承担旅客服务控制协调中心职能。通过指挥协调各基地、营业部及相关机场代理单位处理本航空公司航班不正常引起的旅客退票、改签、超售、赔偿、地面运输等一系列服务项目。

四、航班延误处理

航班延误处理的一般程序如下。

（一）通知旅客

延误时间超过 15 分钟进行广播；超过 30 分钟设置问询柜台，在值机柜台、登机口通过显示屏或以不正常信息公告牌形式，向旅客通知航班不正常信息，每隔 30 分钟广播一次动态信息。

（二）安排膳宿

因承运人原因所造成的航班在始发地点延误或取消，承运人应按其规定向旅客提供膳宿安排的服务；非承运人原因所造成的航班在始发地延误或取消，承运人应协助旅客安排膳宿，费用由旅客自理。一般来说，延误2小时以内的，应提供饮料；遇进餐时间（6:30～8:30，11:30～13:30；17:30～19:00）应提供餐食。延误超过4小时的，应提供宾馆休息。

（三）补偿

一般延误时间在4（含）～8小时，补偿100元；延误8小时（含）以上，补偿200元。

（四）安排后续行程（票务处理）

1. 安排优先顺序

安排优先排序：重要旅客、中转国际航班旅客、国内中转旅客（不含同机中转旅客）、头等舱旅客、公务舱旅客、其他旅客。若有确实存在困难急于成行的旅客也可以考虑优先安排。

2. 中断飞行舱单的使用

中断飞行舱单（flight interruption manifest, FIM），简称中断舱单。承运人之间签订《机票签转协议》，对协议规定的航班，在发生航班不正常运输情况下，填开中断舱单将旅客签转或更改航程至接运承运人航班上，接运承运人根据中断舱单和协议规定的结算价格向填开中断舱单的承运人开账结算。

中断舱单开具后，机场售票候补柜台按照该单上准备签转的旅客名单，将每个旅客的电子客票的状态由“CHECK IN”改为“FIM/EXCHANGE”，值机员再按照FIM上的旅客名单将旅客签转至其他航班上。图5-1为海南航空公司中断舱单样例。

五、航班补班处理

补班，是指在计划飞行当日因故取消，安排日后飞行的航班。补班按正常航班办理运输手续和提供服务。未办理过乘机手续的航班，应按正常航班办理乘机手续。取消当日已办理过乘机手续的航班，应凭客票旅客联和原登机牌重新办理乘机手续，换发登机牌。如果原登记旅客未到齐，登机前，应在登机口为可能未换登机牌的旅客补办手续。办理乘机手续时，重新收运行李，对原收运的行李应予确认需换发新登机牌。

六、返航航班处理

航班返航，是指航班离站后，由于天气或者机械故障等原因未能到达预定的经停站或者目的地站而返回起飞站。航班返航后，若起飞时间不能确定或者等待时间较长，应安排旅客下机等候，重新换发登机牌。对返航航班的旅客，按航空公司原因航班不正常的有关规定提供服务。旅客再次登机时，应重新核查人数。

海南航空股份有限公司

国内客运航班中断舱单

No: ×××××××××××××

航班中断航站 __________　　航班中断日期: ____年____月____日

原承运人名称 __________　　原航班号 ____ 原机型 ____ 原机号 ____

接运承运人名称 ________　　现航班号 ____ 现机型 ____ 现机号 ____

代飞承运航段 __________　　代飞航段运价: ①全票价 ____元 ②折扣票价 ____元

航站值机人员签字 ______　　原航班机场签字 __________

代飞航段旅客登记附示:

序号	票号	姓名	舱位等级	代飞航段收入	序号	票号	姓名	舱位等级	代飞航段收入
1					21				
2					22				
3					23				
4					24				
5					25				
6					26				
7					27				
8					28				
9					29				
10					30				
11					31				
12					32				
13					33				
14					34				
15					35				
16					36				
17					37				
18					38				
19					39				
20					40				
合计					合计				
附件	①旅客人数: 人; ②应结算客运收入总额: 元; ③应扣除代理手续费金额 元; ④结算收入净额: 元; ⑤逾重行李票张数: 张; ⑥逾重行李收入分成配额: 元; ⑦声明价值附加费收费分配额: 元。								

【说明】中断舱单为一式叁联、无碳复写的有价票证: 第一联为乘机凭证（接收）联，第二联为财务联，第三联为填开单位存根联。

图 5-1　海南航空公司中断舱单样例

七、备降航班处理

航班备降，是指由于天气、机械故障等原因航班临时降停在不是预定的经停地点。航班备降后，若起飞时间不能确定或者等待时间较长，应安排旅客下机等候，发放给旅客过站登机牌。在备降航班停留期间，如需向旅客提供膳宿服务，按航空公司原因航班延误的有关规定办理。如果旅客取消继续乘机，按自动终止乘机办理，收回登机牌，拉行李，修改随机业务文件。如果旅客要求退票，按非自愿退票的规定办理。改变航程的旅客应另行购票。

本章小结

乘机办理手续受到航班情况、服务人员、旅客本人等因素的影响，不可避免地会出现不正常情况。本章主要讲解值机异常情况分类及处理、不正常航班一般规定及处理流程等内容。要求学生掌握值机异常情况处理和航班不正常情况处理等技能。

自我检测与实训

一、简答题

1. 简述常见值机异常情况及其处理程序。
2. 简述不正常航班的定义、分类及原因。
3. 简述不正常航班的处理程序。

二、实训题

1. 安排学生多人一组，2 名学生扮演地面服务工作人员，其他学生扮演在航班不正常时焦急万分的旅客。设计各种原因，如天气原因、飞机机械故障、旅客晚到等情境，模拟不正常航班的处理过程。教师点评。

2. 学生分组，各组分别设计、模拟航班登机人数与值机人数不符情况的处理过程，并拍摄成视频。全班学生观摩视频，教师点评。

第六章　实际业务载量配算

第一节　飞机载量相关数据

一、起飞重量

（一）飞机的最大起飞重量

飞机的最大起飞重量（maximum take-off weight，MTOW）是由厂家规定的，即在一定条件下适用的飞机在起飞线加大马力起飞滑跑时全部重量的最大限额。

1．限制飞机最大起飞重量的因素

1）飞机发动机的功率

飞机升力的计算公式为

$$Y=C_L\left(\frac{1}{2}\rho v^2\right)S$$

式中：Y——升力；

C_L——升力系数，通过风洞实验获得；

ρ——飞行高度处的空气密度；

v——飞机的飞行速度；

S——机翼的平面投影面积。

由上式可以看出，升力的大小主要取决于飞机的飞行速度 v，而飞行速度是由发动机提供的。因此，飞机发动机（图 6-1）只有提供足够的动力，飞机才能产生足够的升力。

2）飞机的结构强度

由于升力和重力，飞机各部分受力，并产生巨大的力矩。尤其是机翼的翼根部位，机翼上升力的合力作用点距离翼根部位较远，由此产生很大的向上的力矩，如果飞机的结构强度不够大，就会导致机翼和机身的连接部位出现损坏。因此，飞机的结构要坚固到足以承受这些力。机翼上的升力示意如图 6-2 所示。

图 6-1 飞机发动机

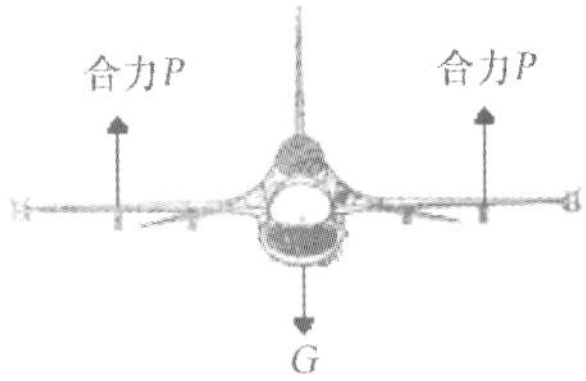

图 6-2 机翼上的升力示意

3）起飞时轮胎的线速度和刹车效能限制

飞机起飞滑跑时，虽然已达到很大速度，但是由于某种原因需要紧急刹车时，如果飞机重量过大，惯性很大，超过了刹车效能的限制，一方面可能造成事故，另一方面由于轮胎与跑道之间的摩擦产生的热量很大，一旦超过轮胎热容量的限制，将使轮胎损坏。

当飞机起飞重量较大时，需要的起飞速度就越大，轮胎的线速度就越大，超过一定的限额，将使轮胎破损。

2. 影响飞机最大起飞重量的其他因素

影响飞机最大起飞重量的其他因素：大气温度；机场标高；风向、风速；跑道质量、长度和坡高；机场净空条件；襟翼下放位置；噪声的限制规定等。

3. 飞机最大起飞重量使用规定

飞机最大起飞重量是在设计、生产飞机时由飞机生产厂商规定的，是在一定的气候条件下才能使用的限额值。在具体使用过程中，如果实际情况和规定的条件有差别时，需要根据当时的情况，按照一定的方法对规定的最大起飞重量进行修正。

（二）飞机的实际起飞重量

飞机的实际起飞重量（take-off weight，TOW）是飞机在跑道端做好起飞准备时所具有的全部重量，包括飞机修正后的基本重量、起飞油量和实际业载。为了避免飞机出现超载，实际起飞重量应不大于飞机的最大起飞重量。其计算公式为

飞机的实际起飞重量 = 修正后的基本重量 + 起飞油量 + 实际业载

二、落地重量

（一）飞机最大落地重量

飞机最大落地重量（maximum landing weight，MLDW）是飞机在着陆时允许的最大重

量，它要考虑着陆时的冲击对起落架和飞机结构的影响。

1. 限制飞机最大落地重量的主要因素

1）飞机的机体结构强度和起落架所承受的冲击载荷

飞机在跑道上着陆时，起落架和跑道之间产生一定的冲击力，飞机的着陆重量越大，冲击力越大，当冲击力超过机体结构的强度和起落架所能承受的冲击载荷时，可导致飞机机体结构或起落架损坏，造成严重事故。

2）飞机的复飞爬高能力

飞机在跑道上着陆时，有时由于某种原因需要复飞，重新爬高到一定程度后再降落。即使发生一台发动机停车，也必须具备一定的爬升能力，因此飞机的着陆重量不能过大。

飞机着陆时应逆风，避免由于飞机速度减小过快引起升力变小，导致飞机急速下降，因此在空中逆风可以使飞机达到一定的空速，保持一定的升力，同时当飞机降落到跑道上时逆风又可以产生一定的阻力。

2. 影响飞机最大落地重量的其他因素

影响飞机最大落地重量的其他因素：大气温度；机场标高；风向、风速；跑道质量、长度和坡高；机场净空条件。

3. 飞机最大落地重量使用规定

一般情况下，不允许飞机超过最大落地重量进行着陆，若有特殊情况，如飞机起飞之后出现故障又来不及抛油减重而不得不进行超重着陆时，应由机务部门对超重着陆的飞机进行全面检查，确认没有问题后，才能继续使用。

（二）飞机的实际落地重量

飞机的实际落地重量（landing weight，LDW）是飞机在着陆时所具有的全部重量，包括飞机修正后的基本重量、备用油量和实际业载。实际落地重量应不大于飞机的最大起飞重量。其计算公式为

飞机的实际落地重量 = 修正后的基本重量 + 备用油量 + 实际业载

三、无油重量

（一）最大无油重量

飞机的最大无油重量（maximum zero fuel weight，MZFW）是指除燃油以外所允许的最大飞行重量。

飞机的最大无油重量是根据机翼的结构强度规定的。因为飞机飞行时所需的燃油主要是装在飞机的机翼内，而升力也主要作用在飞机的机翼上，所以燃油的重量抵消了一部分

升力，保护了机翼结构。在燃油逐渐减少乃至耗尽的情况下，作用于机翼的升力相应增大，即增大了机翼向上的弯曲扭力。为了在无油的状态下，机翼不受损坏，许多机型有最大无油重量的限制，即飞机剩余的可用重量必须装燃油用于保护机翼。

（二）飞机的实际无油重量

飞机的实际无油重量不得超过该机型规定的最大无油重量。实际无油重量包括飞机修正后的基本重量和业载。其计算公式为

飞机的实际无油重量＝修正后的基本重量＋实际业载

四、基本重量和修正后的基本重量

1. 基本重量

飞机基本重量（basic weight，BW），是指除业务载重量和燃油以外，已完全做好飞行准备的飞机重量。

1）空机重量

空机重量是指飞机本身的结构重量，动力装置、固定设备重量，油箱内不能利用或放出的燃油重量，润滑油重量及散热器中的液体重量等的总和。这是不变重量，由飞机制造厂提供，记录在飞机的履历表中。空机重量所包含的内容可能根据机型不同而有所不同，使用和计算过程中应根据机型的空机重量项目规定来执行。

2）附加设备重量

附加设备重量包括服务用品及机务维修设备等。

3）空勤人员及随身携带物品重量

每种机型的空勤人数是确定的，称为标准机组或额定机组（CREW）。机组的组成一般用“飞行员人数/乘务员人数”的格式表示。

4）服务设备及供应品重量

每种机型供应品的重量是确定的，称为额定供应品重量，如飞机上提供的报纸、杂志、配餐等。

5）其他应计算在基本重量之内的重量

其他应计算在基本重量之内的重量有航材、备件、公司内部传输的文件、资料等的重量。

每架飞机的基本重量通常是固定的，但是不同飞机的基本重量是不同的，即使是相同机型的飞机，由于执行不同的航线等，基本重量有所差别，因此在计算时应正确选择基本重量数据。

2. 修正后的基本重量

在标准基本重量的基础上，每次航班在实际飞行时将对实际机组、食品、航材、附加设备等可变项目进行修正。修正的原则按照航空公司的载重平衡手册进行。例如，增加机

组、餐食，则基本重量增加；减少机组、餐食，则基本重量减少。修正后的基本重量（dry operating weight，DOW）才是每次航班计算业载的可用数字。

五、操作重量

飞机的操作重量（operating weight，OW）是指执行航班任务中除去业载重量，已经做好起飞准备时飞机的重量。其计算公式为

飞机的操作重量＝修正后的基本重量＋起飞油量

六、起飞油量

起飞油量是指飞机执行航班任务时携带的全部燃油量。

1. 起飞油量的构成

起飞油量（take-off fuel，TOF）包括航段耗油量和备用油量两部分，但不包括地面开车和滑跑所用的油量。

1）航段耗油量

航段耗油量（trip fuel weight，TFW）是指飞机由起飞站到降落站所需消耗的油量。航段耗油量是根据航段的距离、该机型平均地速和每小时耗油量确定的。其计算公式为

航段耗油量＝飞机平均小时耗油量×航段距离/平均地速（即飞行时间）

2）备用油量

备用油量（reserve fuel weight，RFW）是按照飞机从目的站机场到备降机场，并在备降机场上空盘旋45分钟消耗的燃油量。航班可能因为目的站机场由于某种原因不适合降落，需要飞机备降到其他机场，因此应携带此部分油量。其计算公式为

备用油量＝飞机平均小时耗油量 ×（降落站至备降机场的距离/平均地速＋ 45/60）

2. 起飞油量的计算

起飞油量的计算公式为

起飞油量＝航段耗油量＋备用油量

航段耗油量＝飞机平均小时耗油量×航段距离/平均地速（即飞行时间）

备用油量＝飞机平均小时耗油量×（降落站至备降机场的距离/平均地速＋45/60）

【例 6-1】B-2551 飞机执行 XMN—PEK 航班，飞行时间 2 小时 40 分钟。备降机场选在天津，PEK—TSN 飞行时间为 30 分钟。该飞机平均每小时耗油 4300 千克。试计算飞机起飞油量。

解

航段耗油量＝飞机平均小时耗油量×航段距离/平均地速（即飞行时间）

$$=4300\times 2\frac{40}{60}\approx 11\ 467\text{（千克）}$$

备用油量＝飞机平均小时耗油量×（降落站至备降机场的距离/平均地速＋45/60）

$$=4300\times\frac{30+45}{60}$$

$$=5375（千克）$$

起飞油量＝航段耗油量＋备用油量＝11 467＋5375=16 842（千克）

因此，此架飞机执行 XMN—PEK 航班的起飞油量为 16 842 千克。

3．起飞油量的限制

（1）最少油量限制。由于机翼结构强度的限制，某些机型规定有最少油量限制，即起飞时飞机所加的油量不得少于一定的重量。

（2）最多油量限制。由于安全原因和机翼结构的限制，某些机型有最大着陆油量的规定，即飞机着陆时的备油量不得超过的限额。

4．燃油的作用

飞机携带的燃油是供发动机燃烧而产生推力的，除此之外，它还有以下作用。

（1）平衡飞机。飞机的油箱一般分为主油箱、副油箱和中央油箱。由于飞机的翼展较大，机翼内的燃油可以加强飞机的横侧平衡。当航线上遇到较强气流时，接近翼尖部位的油箱多加燃油可以加强飞机的平稳程度。

（2）保护机翼不受损坏。在飞行过程中，机翼内的燃油可以抵消一部分升力，减少作用于机翼上向上的力矩，保护机翼不受损坏，因此燃油在消耗时，一般先消耗中央油箱的燃油再消耗机翼中的燃油。

（3）减少飞行成本。飞机从燃油价格较低的航站起飞时，如果剩余业载较多，则可以额外多加一部分燃油，以减少飞机回程时在燃油价格较高的航站的加油量。

（4）飞机携带油量的多少对可用业载量有直接的影响。正确合理地计算飞机的起飞油量，能更好地利用飞机的最大业载，保证安全，提高效益。

七、业载

业载（payload /trafic load，PL），即飞机的业务载量。

（一）实际业载

飞机的实际业载是指飞机上实际装载的旅客、货物、行李和邮件的总重量。其计算公式为

实际业载＝旅客重量＋货物重量＋行李重量＋邮件重量

（二）实际业载的计算

在计算实际业载时，货物、行李（托运行李）和邮件的重量按照实际重量计算，旅客重量由于没有称重，按照平均重量进行计算，如表 6-1 所示。

表 6-1　旅客类型及平均重量　　单位：千克

航班类型	旅客类型		
	成人	儿童	婴儿
国内航班	72	36	10
国际航班	75	40	10

在实际操作过程中，各航空公司对旅客平均重量的规定可能不尽相同。

【例 6-2】某国内航班的实际业载情况是，成人旅客 105 人，儿童 3 人，婴儿 2 人；托运行李共重 1230 千克，货物共重 3560 千克，邮件共重 200 千克。试计算本次航班的实际业载。

解

成人旅客的重量 =72 × 105=7560（千克）

儿童旅客的重量 =36 × 3=108（千克）

婴儿旅客的重量 =10 × 2=20（千克）

旅客总重量 =7560＋108＋20=7688（千克）

实际业载 = 旅客重量＋货物重量＋行李重量＋邮件重量

=7688＋3560＋1230＋200=12 678（千克）

因此，本次航班的实际业载为 12 678 千克。

第二节　最大业载计算

一、计算最大业载的意义

飞机的最大业载是指执行航班任务的飞机允许装载的旅客、货物、行李、邮件的最大重量。计算飞机的最大业载具有重要意义。

1. 确保飞行安全，避免超载飞行

超载飞机的主要问题如下：①需要较高的起飞速度；②需要较长的起飞跑道；③降低了爬升速度，减小了爬升角度，降低了最大爬升高度；④缩短了航程；⑤降低了巡航速度；⑥降低了操纵灵活性；⑦需要较高的落地速度；⑧需要较长的落地滑行距离。

这些超载引起的问题在某些情况下不会产生严重的影响，但是如果发生在机翼结冰或发动机发生故障的时候，可能会造成极其严重的后果。因此，实际业载不能超过本次航班的最大业载。

2. 充分利用飞机的装载能力，尽量减少空载

在已经计算得出飞机最大业载的前提下，用最大业载减去实际业载即可得出本次航班的剩余业载，如果此时仍有旅客要求乘坐本次航班或者仍有货物需要通过本航班运出，可适量增加

旅客和货物，尽量减少航班的空载，提高飞机的客座率和载运率，提高航空公司的经济效益。

二、最大业载的计算方法

1. 方法一

飞机的实际起飞、实际落地和实际无油重量的计算，公式如下：

飞机的实际起飞重量 = 修正后的基本重量 + 起飞油量 + 实际业载

飞机的实际落地重量 = 修正后的基本重量 + 备用油量 + 实际业载

实际无油重量 = 修正后的基本重量 + 实际业载

可以转化为

最大业载 = 最大起飞重量 − 修正后的基本重量 − 起飞油量　①

最大业载 = 最大落地重量 − 修正后的基本重量 − 备用油量　②

最大业载 = 最大无油重量 − 修正后的基本重量　③

因为飞机的实际起飞、落地和无油要同时满足不超过对应的最大重量，因此，要同时满足式① ～ ③的条件，故

最大业载 =MIN（①，②，③）

【例 6-3】由上海经深圳至三亚的 CJ6752 航班，机型为 MD-82，其起飞全重、落地全重、无油全重分别为 67 813 千克、58 968 千克、55 338 千克，基本重量为 37 177 千克，飞机自上海至深圳的起飞油量为 11 200 千克，其中航段耗油为 9000 千克；自深圳至三亚的起飞油量为 9500 千克，其中航段耗油为 4000 千克。试计算其最大业载。

解　首先，利用飞机第一航段基本信息计算飞机在上海的最大业载。计算如下：

最大业载① =67 813 − 37 177 − 11 200=19 436（千克）

最大业载② =58 968 − 37 177 − （11 200 − 9000）=19 591（千克）

最大业载③ =55 338 − 37 177=18 161（千克）

MIN（①，②，③）=18 161（千克）

其次，飞机在深圳需要重新加装燃油，影响飞机的最大业载，因此计算飞机在深圳的最大业载。计算如下：

最大业载① =67 813 − 37 177 − 9500=21 136（千克）

最大业载② =58 968 − 37 177 − （9500 − 4000）=16 291（千克）

最大业载③ =55 338 − 37 177=18 161（千克）

最大业载 = MIN（①，②，③）=16 291（千克）

2. 方法二

第 1 步，计算飞机的最大允许起飞重量，其计算公式为

最大允许起飞重量 = 最大起飞重量　①

最大允许起飞重量 = 最大落地重量 + 耗油　②

最大允许起飞重量 = 最大无油重量 + 起飞油量　③

最大允许起飞重量 =MIN（①，②，③）

第 2 步，计算飞机的操作重量，其计算公式为

操作重量 = 修正后的基本重量 + 起飞油量

第 3 步，计算最大业载，其计算公式为

最大业载 = 最大允许起飞重量 − 操作重量

【例 6-4】由福州经青岛至沈阳的 CJ6518 航班，机型为 MD-82，其起飞全重、落地全重、无油全重分别为 63 230 千克、58 967 千克、55 338 千克，基本重量为 37 800 千克，飞机自福州至青岛航段的起飞油量为 11 600 千克，其中航段耗油为 8600 千克；自青岛至沈阳的起飞油量为 10 000 千克，其中航段耗油为 3500 千克。求飞机在福州和青岛时的最大业载。

解　福州的最大业载计算如下:

第 1 步，计算飞机的最大允许起飞重量:

最大允许起飞重量 = 最大起飞重量 =63 230（千克）

最大允许起飞重量 = 最大落地重量 + 耗油 =58 967 + 8600=67 567（千克）

最大允许起飞重量 = 最大无油重量 + 起飞油量 =55 338 + 11 600=66 938（千克）

最大允许起飞重量 =MIN（①，②，③）=63 230（千克）

第 2 步，计算飞机的操作重量:

操作重量 = 修正后的基本重量 + 起飞油量 =37 800 + 11 600=49 400（千克）

第 3 步，计算最大业载:

最大业载 = 最大允许起飞重量 − 操作重量 =63 230 − 49 400=13 830（千克）

在青岛的最大业载计算过程略。

三、实际业载和最大业载的关系

（1）当飞机的实际业载等于最大业载时，飞机为满载状态。

（2）当飞机的实际业载小于最大业载时，飞机为空载或次载状态。

（3）当飞机的实际业载大于最大业载时，飞机为超载状态。

第三节　航段业务载量的分配

对于直达航班，可根据计算得来的最大业载来进行始发站实际业载的分配，只要不超过最大业载即可。但是对于有经停站的航班，一方面，由于每个机场影响飞机的最大起飞重量和最大着陆重量的因素不同，因此各个站点对飞机的最大起飞重量的规定可能不一致，在某些站点可能要减载起飞；另一方面，由于航班包含了多个航段，每个航段的航程不同，航段耗油量不同，而且各个站点至各自备降机场的距离不同，因此备用油量不同。同一架飞机在不同航站起飞时携带的燃油量是不同的，飞机在各站的最大业载也是不同的。在吨位利用上，各个站点在每个航班都要转载一部分本站出发的业载。在此情况下，为了使航班的吨位能够保证各站运输要求，应当使吨位的分配更合理、充分，更符合民航运输的整体利益。

一、业载分配的相关概念

（1）通程业载：可以从航班始发站一直利用到航班终点站的载量（各站点最大业载的最小值）。

（2）固定配额：经与始发站及其他中途站商定，某中途站在每次航班中固定地装载一定数量的货物，销售一定数量的客票。

（3）临时索让：在某次航班上，某中途站在其固定配额外，要求多装载一部分业载和多销售一部分客票，需要向其他站临时索要一部分吨位和座位（除终点站外的各站点之间的索取，可以运至任意前方站）。

（4）过境业载：对于经停站而言，所有通过本站运至前方站的业载为过境业载。过境业载是通过本站的载量，如果只是到达本站的载量，则不是过境业载。

（5）剩余业载：在保障航线通程业载和固定配额的顺利通过后剩余的载量。剩余业载的分配也以能运达最远为原则在各航段分配。

（6）前方站和后方站：沿飞行方向确定前方站和后方站。

（7）近程吨位和远程吨位：包含航段少的为近程吨位，包含航段多的为远程吨位。

二、各航段业载的分配原则

1. 保证前方各站的固定配额和临时索让不被占用

前方各站的固定配额和临时索让被占用可能会造成以下几种后果。

（1）如果前方中途站仍按照预先分配的座位/吨位进行配载，将造成此站点航班的业载超载。

（2）前方中途站业载有一部分不能运出去，造成本站的业载积压，导致该站的疏运困难。

（3）前方中途站卸下过站业载，装上本站出发的业载，造成运输不正常。

2. 优先分配远程吨位

在配载时可以尽量多地配送远程业载，最大限度地减少后续航段的空载。

三、各航段业载的分配方法

各航段业载的分配方法有划线法和比较法。

（一）划线法

1. 划线法的步骤

（1）写出航班各站及其可用座位/可用吨位情况和固定配额及临时索让情况。

（2）根据业载的分配原则，进行各航段业载的分配。具体分为以下 3 步：①预留出所有中途站的固定配额和临时索让的座位和吨位；②分配最大通程业载；③分配剩余业载（本站剩余业载优先由后方站使用；仍有剩余业载，再由本站使用）。

（3）对分配结果进行分析和总结。

2. 例题讲解

（1）中途站没有固定配额，也没有临时索让的情况。

【例 6-5】（多航段）CZ6752 航班由上海经深圳至三亚，飞机在上海机场的最大业载为 18 161 千克。飞机在深圳机场的最大业载为 16 291 千克。

解 SHA—SZX—SYX

18 161 16 291

<u>16 291 16 291</u>

1870 0

<u>1870</u>

0

各航段的业载分配情况如下:

SHA—SZX: 1870（千克）

SHA—SYX: 16 291（千克）

SZX—SYX: 0

从各个站点出发的吨位分别如下:

SHA: 1870＋16 291=18 161（千克）

SZX: 16 291=16 291（千克）

由此可见，从各个站点出发时分配的吨位恰好等于该站点的可用业载，如果各航段实际业载正好与分配的业载相同，则每航段都没有空载损失，而且由于优先分配了远程吨位，因此航线上取得了最大的运输效益。

每一航班的座位也需要合理分配，以保证座位能利用到最远。在划线法中，座位和吨位是分开计算的。例如，20/2500 表示可用座位为 20 个，可用吨位为 2500 千克。每个座位按 100 千克计算。例 6-6 展示了座位与吨位混合分配的方法。

【例 6-6】某航线情况如下，试分配各航段业载。

A————B————C————D

48/4460 48/4480 48/4320

解

A————B————C————D

48/4460 48/4480 48/4320

<u>48/4320 48/4320 48/4320</u>

0/140 0/160 0/0

<u>0/140 0/140</u>

0/0 0/20

<u>0/20</u>

0/0

各航段的业载分配情况如下:

A—B: 0/0（千克）

A—C: 0/140（千克）

A—D: 48/4320（千克）

B—C: 0/20（千克）

B—D: 0/0（千克）

C—D: 0/0（千克）

从各个站点出发的吨位分别如下:

A: 0/140＋48/4320=48/4460（千克）

B: 0/20/＋0/140＋48/4320=48/4480（千克）

C: 48/4320（千克）

（2）中途站有固定配额的情况。

【例 6-7】承例 6-5，设深圳有 4000 千克的固定配额。以划线法计算。

解

```
             4000
     SHA—SZX—SYX
    18 161  16 291
              4000
            12 291
    12 291  12 291
      5870       0
      5870
         0
```

各航段的业载分配情况如下:

SHA—SZX: 5870（千克）

SHA—SYX: 12 291（千克）

SZX—SYX: 4000（千克）

从各个站点出发的吨位分别如下:

SHA: 5870＋12 291=18 161（千克）

SZX: 12 291＋4000=16 291（千克）

【例 6-8】某航线情况如下，试分配各航段业载。

```
                 2/200          4/400
    A————————————B——————————————C——————————————D
48/4460       48/4480        48/4320
```

解

	2/200	4/400	
A	B	C	D
48/4460	48/4480	48/4320	
	2/200	2/200	
	46/4280	46/4120	
		4/400	
		42/3720	
42/3720	42/3720	42/3720	
6/740	4/560	0/0	
4/560	4/560		
2/180	0/0		
2/180			
0/0			

各航段的业载分配情况如下:

A—B：2/180（千克）

A—C：4/560（千克）

A—D：42/3720（千克）

B—C：0/0（千克）

B—D：2/200（千克）

C—D：4/400（千克）

从各个站点出发的吨位分别如下:

A：2/180＋4/560＋42/3270=48/4460（千克）

B：4/560＋42/3270＋2/200=48/4480（千克）

C：42/3270＋4/400＋2/200=48/4320（千克）

以上各例的航段业载分配结果只是理想情况，实际业载情况如果恰好与分配结果相同，就可以取得最大的运输效益，但是有些航段的分配结果实际上不可行。例如，如果站点的可用业载分配为5/0，即有5个座位，但是没有吨位，那么这5个座位本航段不能使用。又如在例6-4中，B—C航段业载分配为0/0，也并不说明本航段不能装载业载。总之，业载分配的结果只是理想情况，实际配载应当以此为参考。

（3）中途站有固定配额和临时索取的情况。

【例6-9】向始发站索取运送至终点站。某航段的业载情况如下，其中B站点向始发站索取200千克吨位运至终点站，C站点向始发站索取100千克吨位运至终点站，试进行业载的分配。

	300		200	
A	B	C	D	E
4500	4700	4890	4990	

解 由于B站点300千克吨位的固定配额和200千克吨位的临时索取运送的目的站相同，因此可以累加计算。

	+200			
	300	+100	200	
A	B	C	D	E
4500	4700	4890	4990	
	500	500	500	
	4200	4390	4490	
		100	100	
		4290	4390	
			200	
			4190	
4190	4190	4190	4190	
310	10	100	0	
10	10	10		
300	0	90		
300		90		
0		0		

【例6-10】向始发站索取运送至前方中途站。承例6-9已知条件，其中B站点向始发站索取200千克吨位运至D站，C站点向始发站索取100千克吨位运至终点站，试进行业载的分配。

解 +200（B—D）

	300	+100	200	
A	B	C	D	E
4500	4700	4890	4990	
	200	200		
	4500	4690		
	300	300	300	
	4200	4390	4690	
		100	100	
		4290	4590	
			200	
			4390	
4200	4200	4200	4200	
300	0	90	190	
300		90	90	
0		0	100	
			100	
			0	

【例 6-11】后方中途站向前方中途站索取。承例 6-9 已知条件，其中 B 站点向 D 站点索取 100 千克吨位配额。试进行业载的分配。

解	+100		−100	
	300		200	
A	B	C	D	E
4500	4700	4890	4990	
	400	400	400	
	4300	4490	4590	
			100	
			4490	
4300	4300	4300	4300	
200	0	190	190	
200		190	190	
0		0	0	

【例 6-12】前方中途站向后方中途站索取。承例 6-9 已知条件，其中 D 站点向 B 站点索取 200 千克吨位配额。试进行业载的分配。

解	−200		+200	
	300		200	
A	B	C	D	E
4500	4700	4890	4990	
	200	200		
	4500	4690		
	100	100	100	
	4400	4590	4890	
			400	
			4490	
4400	4400	4400	4400	
100	0	190	90	
100	90	90		
0	100	0		
		100		
		0		

（二）比较法

利用划线法分配航段的载量，计算思路清晰，易于理解，但是计算步骤较多，费时且容易出错。除划线法外，还可使用比较法。

【例 6-13】某航线情况如下，利用比较法分配各航段业载。

A————B————C————D

48/4460　　48/4480　　48/4320

解　首先用 A 站的可用座位/可用吨位与 B 站进行比较:

A—B: 48/4460－48/4480=0/－20

两站的可用座位之差为 0，说明如果在 A 站飞机上有 48 名旅客，则恰好可以通过 B 站；两站的可用吨位之差为－20 千克，说明在 A 站飞机上装载 4460 千克业载时可以通过 B 站，而且 B 站还有 20 千克剩余吨位。由于优先分配远程吨位，因此 A—B 航段的可用业载为 0/0。

再把 A 站和 C 站的可用座位/吨位进行比较:

A—C: 48/4460－48/4320=0/140

两站的可用座位之差为 0，说明如果在 A 站飞机上有 48 名旅客，则恰好可以通过 C 站；两站的可用吨位之差为 140 千克，说明在 A 站飞机上装载 4460 千克业载时，只有其中的 4320 千克可以通过 C 站，剩余的 140 千克业载必须在 C 站卸下。因此，A—C 航段的可用业载为 0/140。从 A 站的最大的可用座位/吨位中扣除已分配给 A—C 航段的可用业载后，剩余部分即为 A—C 航段的可用业载，即 48/4320。

由于 B 站还有剩余吨位 20 千克，而 C 站没有剩余吨位，因此 B 站的 20 千克吨位只能利用到 C 站，于是 B—C 航段的可用业载为 0/20，而 B—D 航段及 C—D 航段均无可用业载。

第四节　航班的配载与结算

载重平衡工作是航空运输生产的重要环节，主要是根据飞机的有关性能数据和执行航线添加的燃油重量，以及客货销售、待运情况等，准确计算飞机每次飞行的载运能力，并按照飞机客、货舱布局，合理地装卸货物、行李、邮件，以及合理地安排旅客座位，以便使飞机重心在起飞、着陆及无燃油等情况下符合要求，保持良好的平衡状态，保证飞行安全。这项工作也称为飞机载重平衡计算。

飞机的载重平衡工作主要集中在航空公司的配载平衡室。配载平衡室主要负责本航空公司出港及转港飞机的载重平衡工作，在整个航空公司商务工作中起着重要的作用。配载平衡室工作人员应积极协调各有关部门的关系，使航空运输工作顺利有序地进行；汇总货（邮）舱单、平衡图等文件，作为随机业务文件送交机组；在班机起飞后及时拍发有关业务电报等。航班配载工作的操作流程如图 6-3 所示。

载重平衡是航空公司商务工作的最后一个环节，工作的性质决定配载平衡室和航空公司的客运、货运、装卸队、航务、生产调度、地面服务、机组之间有着紧密的工作联系，是地面商务和空中飞行的衔接环节，认真做好载重平衡工作，不仅可以弥补和避免商务工作其他环节的不足和差错，而且可以确保每一个航班的安全飞行，确保航班正点。同时，载重平衡在航空公司经济效益方面也能发挥积极作用。一名业务熟练的载重平衡人员可以根据不同机型的平衡要求，合理利用载量和舱位，既达到较高的载运比率，又取得该机型所要求的最佳配平和重心位置。这样，不仅可以提高飞机载重比率，而且对飞行安全、飞机结构都有益，还可以在飞行中节省耗油量，从而降低营运成本。

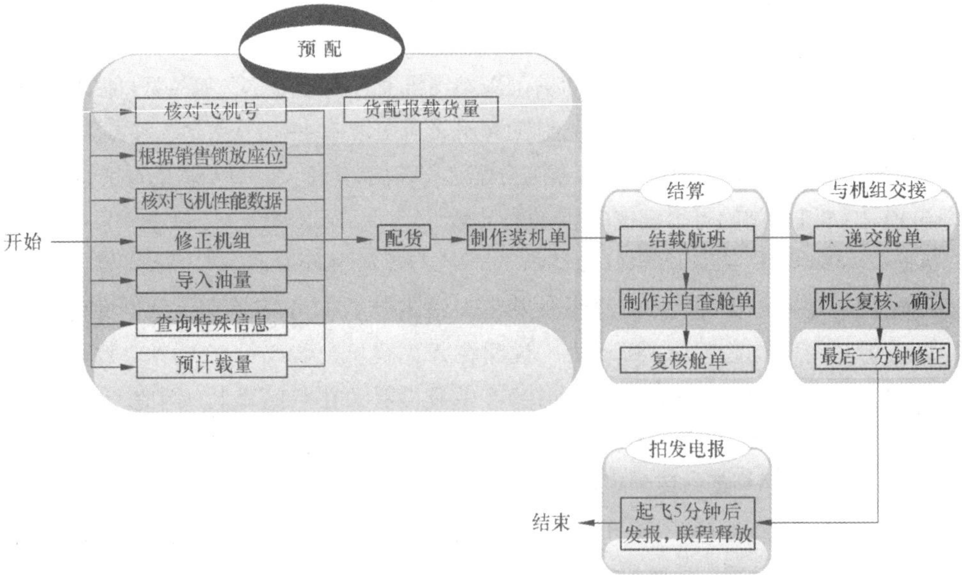

图 6-3　航班配载工作的操作流程

一、配载的步骤

实际业载的配算是指航班始发站飞机根据从本站出发的最大允许业载来配算运至各有关前方站的旅客、行李、邮件和货物，简称配载。

（一）预配

1．预配的定义

预配是在计算出最大业载的基础上，根据旅客人数和行李、邮件的估算数，预留货物吨位并填制货邮装机单。预配货物时，应充分考虑满足飞机的重心要求以保证飞行安全和经济飞行。

2．预配的作用

（1）保证配载工作的顺利进行。民航相关规定，在飞机离港前 30～45 分钟（各航空公司在各机场略有不同）停止办理乘机手续，此时才能获得旅客和行李的相关数据，由于飞机起飞前需要做很多工作，如果不进行预配而直接进行结算，会使配载工作过于匆忙，以至于不能按时完成所有工作而造成航班延误。

（2）避免因配载错误，影响飞行安全。

（3）减少航班空载。预配可以预先了解航班的剩余业载情况，积极统筹客货，减少航班空载。

（4）尽量减少起飞前的工作量。在航班起飞前一定的时间内进行预配。在停止办理乘机手续后，根据实际的业载情况，在预配的基础上做出一些调整便可以得出实际的配载情况和准确的飞机重心位置，减少飞机起飞前的工作量。

3. 预配的原则

预配时要留有余地，必须坚持“宁加勿拉”的原则。

4. 预配的步骤

（1）向航班调度部门了解航班号、飞机号、起飞油量与加油方式、机组人数、供应品情况等，据此求出本站的最大可用业载。

（2）向售票处或从计算机订座系统了解航班的预售票情况，了解旅客的人数和构成。

（3）预估计行李、邮件重量，并从最大业载中扣除旅客、行李和邮件的预留重量。行李预留时成人和儿童按照 10 千克计算，婴儿不做预留。

（4）通知货运部门配货。货运部门根据各航段可配货情况和实际有货情况，决定各航段的货运配送，并把实际配货结果通知配载部门。

（5）配载部门根据实际配货情况对预配结果进行复核，决定是否加拉货物，并求出飞机预配时重心的位置。

（二）结算

预配结果不是准确的结果。航班关闭后，实际旅客、行李、邮件和预配货物的合计重量为准确结果，应不超过允许的最大可用业载。两者之差，即为缺载吨位数。有关部门应及时增配货物，合理利用缺载吨位，以便最大限度地利用可用业载，并最后计算实际业载，这便是实际载重的计算，或称载重结算。

当结算完成之后，如果飞机仍有剩余座位或剩余吨位，此时可适量出售一部分客票或加配一些货物，尽量减少航班的空载，提高飞机的客座率和载运率，提高航空公司的经济效益。

二、配载工作的基本原则、主要规定和要求

配载工作是一项安全性强、责任性重、时间紧迫、联系面广的工作。因此，必须遵守相应的原则、规定和服务工作要求。

（1）配载工作应按照负责运输、计划运输和合理运输的原则来进行，应遵守规章制度，严格掌握发运顺序，充分、合理地利用运输能力，符合飞机载重平衡的要求，保证运输工作的顺利进行。

（2）加强安全意识，使每一航班的飞机重心符合飞行要求，并尽力使重心落入最佳重心区域不超载。

（3）业载的分配应按照先旅客、行李、紧急货物和转港货物、邮件、普通货物的顺序

进行。普通货物则应该按照收运的先后顺序发运。

（4）配载时尽量选择正确的运输路线，尽量选用直达航班，避免迂回和倒流现象。对于特急货物，必须选择最迅速的运输路线，必要时可以迂回中转。

（5）应利用远程吨位运送远程业载，避免吨位浪费。充分利用航班吨位，不缺载，准确反映航班吨位的利用情况。利用远程吨位配运远程业载，避免吨位浪费。只有在必要时或者没有远程业载时才能使用远程吨位配运近程业载，因为如果用远程吨位配运近程业载，易加剧后续航班的空载。

（6）除非没有近程业载，一般不用近程吨位装运远程业载，以免给前方站造成疏运困难。凡应留给经停站的座位/吨位必须留足。

（7）航班离站后，若发现计算错误或装卸错误，应及时拍发电报或电话通知有关前方站。

（8）计算实际业载时，行李、邮件和货物的重量以千克为单位，尾数不足 1 千克部分四舍五入。旅客重量按折合标准计算，专机旅客每个成人按 80 千克计算。

（9）预配时应留有机动吨位，避免预配过剩，造成超载而临时卸货，保证航班正点起飞。

（10）了解旅客、货邮的临时增减和装机情况，保证配载工作符合飞机载重平衡要求。

（11）各项计算应严格准确、熟练迅速。

（12）严格核对有关重量，做到“三相符”。

① 重量相符：载重表、载重电报上的飞机基本重量与飞行任务书相符；载重表、载重电报上的各项重量与舱单相符；配载表、装机单、加拉货物单等工作单据上的重量与舱单、载重表相符。

② 单据相符：装在业务文件袋内的各种运输票据与舱单相符。

③ 装载相符：出发、到达、过站的旅客人数与舱单、载重表相符；各种物件的装卸件数、重量与舱单、载重表相符；飞机上各个货舱的实际装载重量与载重表、平衡表相符。

三、始发站的预配和结算

由于从始发站出发的客货一般比较多，因此始发站的配载工作量比较大。始发站进行预配时，以本站至其他各站的可用业载为依据，根据各航段预计的旅客人数，预留旅客、行李和邮件的重量，剩余部分即为本航段的可配货物重量。为了防止行李、邮件留载不足而造成拉货情况，以及解决临时发生的急货运输问题，有必要在最大通程业载中留出一定的备用吨位。始发站进行结算后，如果尚有空余吨位，应尽量加以利用，以减少空载。

始发站在进行配载时应注意以下几点：①近程座位/吨位的超载可以由远程座位/吨位的空载抵消，而远程座位/吨位的超载不能由近程座位/吨位的空载抵消；②最大通程业载不能超载；③前方各中途站的固定配额和索得吨位不能被占用；④飞机起飞时不能超载。

前两项在预配和结算时注意便可，后两项则需要在预配和结算完毕后对预配和结算的结果进行检验复核。

1．直达航班的预配和结算

直达航班的预配和结算比较简单，如例 6-14 所示。

【例 6-14】B737-300 型 B-2909 号机，CZ3547 航班，CAN—SHA，飞机起飞全重、落地全重、无油全重分别为 61 235 千克、51 709 千克和 48 307 千克，修正后基本重量为 32 936 千克，起飞油量为 6800 千克，其中航段耗油量为 3100 千克。CAN—SHA 的座位预售 138.00.00，旅客按成人、儿童和婴儿 3 种旅客类型进行预售统计，并分别按照 72 千克、36 千克和 10 千克进行重量预留。此处，138 表示成人旅客数量，第一个 00 表示儿童旅客数量，最后一个 00 表示婴儿旅客数量。邮件协议预留 50 千克。（注：该机座位布局为 0/148，可售座位 0/146，行李按照 15 千克/人预留。）

解 （1）预配。根据三大全重计算本次航班最大业载：

最大业载① =61 235−32 936−6800=21 499（千克）

最大业载② =51 709−32 936−(6800−3100) =15 037（千克）

最大业载③ =48 307−32 936=15 371（千克）

最大业载 =MIN（①，②，③）=15 037（千克）

预留旅客吨位 =138 × 72=9936（千克）

预留行李吨位 =138 × 15=2070（千克）

预留协议邮件吨位 =50（千克）

可配货物的吨位 =15 037−(9936+2070+50)=2981（千克）

CAN 站点的预配结果如表 6-2 所示。

表 6-2 CAN 站点的预配结果（一） 单位：千克

航段	可用业载	旅客	行李	邮件	可配货	合计	备注
CAN—SHA	15 037	9 936	2 070	50	2 981	15 037	0
合计	15 037	9 936	2 070	50	2 981	15 037	0

注：①“可配货”栏，表示“剩余吨位/可配货物重量”，计算公式为

剩余吨位/可配货物重量 = 可用业载 − 旅客重量 − 行李重量 − 邮件重量

当结果为负数时，说明该航段在配运旅客、行李、邮件后已经超载，因此没有吨位配运货物了，故可配货物重量应为 0。当航段没有可用业载或者可用业载少于实际业载时，该航段的实际业载应照样进行配运，出现的超载部分可由一个或几个更远航段的空载抵消。如表 6-8 中，A—B 航段超载 194 千克，A—C 航段超载 246 千克，而 A—D 航段空载 1230 千克，因此，可以抵消掉前两个航段的超载共 440 千克，剩余的 790 千克才是 A—D 航段的可配货物重量。

②“合计”栏。其计算公式为

合计 = 旅客重量 + 行李重量 + 邮件重量 + 可配货物重量

③“备注”栏。该栏用于判断各航段超载情况，即是否超载或空载。其计算公式为

备注 = 合计 − 可用业载

如果结果为正，表示相应航段超载数量；如果结果为负，表示相应航段空载数量。

结论：当 CAN 满载出行时，此站点可配货 2981 千克。

计算出可配货情况后，通知货运部门进行配货，货运部门根据可配货物重量和仓库现有货物情况进行选配货物。如果仓库现有货物库存 2100 千克，则做出预配结果如表 6-3 所示。

表 6-3　CAN 站点的预配结果（二）　　单位：千克

航段	可用业载	旅客	行李	邮件	可配货	合计	备注
CAN—SHA	15 037	9 936	2 070	50	2 100	14 156	－881
合计	15 037	9 936	2 070	50	2 100	14 156	－881

结论：在 CAN 起飞时，座位/吨位均没有超载，符合要求。

（2）结算。CAN—SHA 的实际配货 25 件，计 320 千克，全配，旅客人数：144.00.00，行李 70 件，共 850 千克，无邮件。

$$合计 =144 \times 72+850+320=11\ 538（千克）$$

$$航班空载 =15\ 037-11\ 538=3499（千克）$$

CAN 站点的结算结果如表 6-4 所示。

表 6-4　CAN 站点的结算结果　　单位：千克

航段	可用业载	旅客	行李	邮件	实配货	合计	备注
CAN—SHA	15 037	10 368	850	0	320	11 538	－3 499
合计	15 037	10 368	850	0	320	11 538	－3 499

结论：在 CAN 起飞时，剩余 3499 千克的业载，如果还有旅客或货物可由本航班运出，则在保证航班不延误的情况下，应给予安排。

2. 有经停站的始发站预配和结算

【例 6-15】由上海经深圳至三亚，飞机在上海机场的最大业载为 18 161 千克。飞机在深圳机场的最大业载为 16 291 千克。MD-82 客舱座位数为 0/147。旅客座位预售情况：SHA—SZX：60.01.00；SHA—SYX：67.02.00。行李按照 10 千克/人预留。库存货物情况：SHA—SZX：190 千克；SHA—SYX：470 千克。

解　（1）预配。

SHA—SZX—SYX

18 161　16 291

<u>16 291　16 291</u>

　1870　　　0

　<u>1870</u>

　　0

各航段的业载分配情况如下：

SHA—SZX：1870 千克

SHA—SYX：16 291 千克

SZX—SYX：0 千克

SHA—SZX 的预配如下：

预留旅客吨位 =60 × 72 + 1 × 36=4356（千克）

预留行李吨位 =61 × 10=610（千克）

合计 =4966（千克）

可配货 =1870 − 4966= − 3096（千克）

SHA—SYX 的预配如下:

预留旅客吨位 =67 × 72 + 2 × 36=4896（千克）

预留行李吨位 =69 × 10=690（千克）

合计 =5586（千克）

可配货 =16 291 − 5586=10 705（千克）

根据库存情况，预配货物如下:

SHA—SZX：190 千克

SHA—SYX：470 千克

SHA 站点的预配结果如表 6-5 所示。

表 6-5 SHA 站点的预配结果 单位：千克

航段	可用业载	旅客	行李	邮件	可配货	实配货	合计	备注
SHA—SZX	1 870	4 356	610	0	0	190	5 156	3 286
SHA—SYX	16 291	4 896	690	0	10 705	470	6 056	− 10 235
合计	18 161	9 252	1 300	0	10 705	660	11 212	− 6 949

结论：按照航班预留情况，SHA—SZX 超载 3286 千克，可配货为 0 千克，SHA—SYX 航段仍可配货 10 705 千克，由于短航段超载，可以由远程航段让出吨位，因此除去库存货物量，SHA—SYX 仍可配货 6949 千克。

（2）结算。

SHA—SZX:

旅客人数：68.01.01 重量：68 × 72 + 36 + 8=4940（千克）

行李件数：71 件 重量：501 千克

邮件：79 千克

货物增配：143 千克

原配货物：190 千克

合计：5853 千克

SHA—SYX:

旅客人数：68.02.00 重量：68 × 72 + 2 × 36=4968（千克）

行李件数：54 件 重量：378 千克

邮件：64 千克

原配货物：470 千克

合计：5880 千克

全程合计业载 =5853＋5880=11 733（千克）

空载 =18 161－11 733=6428（千克）

SHA 站点的结算结果如表 6-6 所示。

表 6-6　SHA 站点的结算结果　　单位：千克

航段	可用业载	旅客	行李	邮件	原配货	增配货	合计	备注
SHA—SZX	1 870	4 940	501	79	190	143	5 853	3 983
SHA—SYX	16 291	4 968	378	64	470	0	5 880	－10 411
合计	18 161	9 908	879	143	660	143	11 733	－6 428

结论：按照航班预留情况，SHA—SZX 超载 3983 千克，SHA—SYX 航段仍有剩余业载 10 411 千克，由于短航段超载，可以由远程航段让出吨位，因此让出 3983 千克业载后，SHA—SYX 仍可配货 6428 千克。

在例 6-14 和例 6-15 中，航班分别空载 3499 千克和 6428 千克，其原因应是多方面的，其中包括货舱的容积、地板承受力、飞机重心范围等因素的限制；当然，也受待运货邮量的影响。因此，片面地强调载运比率，在数量上主观地按最大可用业载进行配载是脱离实际、缺乏可行性的。

3．多航段航班的始发站的预配和结算

【例 6-16】某航线情况如下：

```
                4/400             6/600
     A——————————B——————————C——————————D
48/3500         48/4700           48/4000
```

其中，B、C 站固定配额 4/400、6/600，预配时了解到售票情况为 A—D：20，A—C：8，A—B：2，全部为成人，根据邮局的收寄情况和以往收运情况，预留邮件重量为 A—B：20 千克，A—C：50 千克，A—D：30 千克。

预配时，货运部门选配货物，仓库的库存情况为 A—B：45 千克，A—C：107 千克，A—D：20 千克。

办理完乘机手续后实际业载情况如表 6-7 所示。

表 6-7　实际业载情况

航段	P（人数）	B（行李）	M（邮件）	C（货物）
A—B	3	35	30	50
A—C	8	100	40	107
A—D	22	310	50	40

根据以上情况进行预配和结算。

解　第 1 步，计算各航段可用业载。用比较法或划线法分配各航段可用业载，结果如下：

由 A 站出发的各航段业载为 A—B：4/0，A—C：6/500，A—D：38/3000。

第 2 步，预配（工作：对货物进行可配货物吨位的预留），结果如表 6-8 所示。

第 3 步，配货（实配货物重量，其他仍为预配时数据），结果如表 6-9 所示。

第 4 步，对预配结果进行审核。

A————B————C————D

－2/239

2/353　　2/353

－18/－1210　－18/－1210　－18/－1210

表 6-8　预配结果（一）

航段	可用业载	P（人数）	B	M	可配货	合计	备注
A—B	4/0	2/144	30	20	－194/0	2/194	－2/194
A—C	6/500	8/576	120	50	－246/0	8/746	2/246
A—D	38/3000	20/1440	300	30	1230/790	20/2560	－18/－440
合计	48/3500	30/2160	450	100	790/790	30/3500	－18/0

表 6-9　预配结果（二）

航段	可用业载	P（人数）	B	M	实配货	合计	备注
A—B	4/0	2/144	30	20	45	2/239	－2/239
A—C	6/500	8/576	120	50	107	8/853	2/353
A—D	38/3000	20/1440	300	30	20	20/1790	－18/－1210
合计	48/3500	30/2160	450	100	172	30/2882	－18/－618

分析：是否预配通过（A—B 航段、A—C 航段超载部分均可由 A—D 航段让出）。

① A—B 航段：（－2/239）＋2/353＋（－18/－1210）=－18/－618。

说明：在 A 站起飞时，飞机的座位/吨位都未超载，符合总业载不能超载的要求。

② A—C 航段：2/353＋（－18/－1210）=－16/－857。

说明：在 B 站按其分配到的可用业载装载时，飞机在 B 站起飞时，将还会有剩余座位/吨位为 16/857，因此可知 B 站的固定配额没有被占用，符合要求。

③ A—D 航段：－18/－1210。

说明：C—D 航段总的超载座位/吨位为－18/－1210，C 站按其分配到的可用业载装载时，飞机在 C 站起飞时，将还有剩余座位/吨位为 18/1210，因此，可知 C 站的固定配额没有被占用，符合要求。

对预配结果进行审核后可知，预配的结果可以通过。

第 5 步，结算（根据办理完乘机手续后的实际业载，在预配结果的基础上进行调整），得到的结算结果如表 6-10 所示。

表 6-10　结算结果

航段	可用业载	P（人数）	B	M	实配货	合计	备注
A—B	4/0	3/216	35	30	50	3/331	－1/331
A—C	6/500	8/576	100	40	107	8/823	2/323
A—D	38/3000	22/1584	310	50	40	22/1984	－16/－1016
合计	48/3500	33/2376	445	120	197	33/3138	－15/－362

结论：结算结果是 A 站点此时仍有剩余业载 15/362 千克。

四、航班经停站的配载和结算

对航班经停站而言，预配是指根据本站配额（如果有座位、吨位的索让，即按调整后的配额）和本站预计旅客、行李、邮件的重量来预计可配货物重量并选配货物，待收到后方站拍发的航班载重电报后，再根据本站实际出发的旅客、行李和邮件重量对预配货物进行调整和结算。中途站应尽可能利用配额，并充分利用后方站的剩余吨位。

要做好配载，必须了解情况。每个站点不但要掌握待运客货的急缓和数量情况，还要了解航班上有关站点的待运、实运及配额等情况，只有做到胸中有数，才能正确决定这个航班的吨位应当怎样利用才更有效、更合理、更符合整体利益，并有最好的经济效益。

1．经停站预配工作的步骤

（1）用划线法分配业载（计算出各航段的业载分配情况，让出过境业载，让出前方站的固定配额和临时索让）。

（2）预留吨位。

（3）预配货。

（4）画出预配表。

（5）调整吨位，防止出现超载情况。

【例 6-17】以 YUN-7 飞机执行 CZ6346 航班 CGO—TSN—SHE—CGQ 为例。各航站的可用业载如下：

4/400　6/600

CGO——TSN——SHE——CGQ

48/3500　48/4700　48/4000

对于多航段经停站而言，预配时，需要先让出始发站来本站的过境业载（过境业载也是按照航段的不同载量而定）。因为 CGO 出港时没有利用完全部吨位，故通过 TNS 的过境载量分别为 CGO—SHE：8/823，CGO—CGQ：22/1984。合计：30/2807。

解

4/400　6/600

TSN —— SHE —— CGQ

48/4700　48/4000

让出过境　8/823 → 40/3877

让出过境　22/1984　22/1984 → 18/1893　26/2016

保证配额　6/600 → 20/1416

分配剩余业载　18/1416　18/1416 → 0/477　2/0

0/477　2/0 → 0/0　0/0

第 1 步，利用划线法求算 TSN 的可用业载。

分析：可用业载分配情况为 TNS—CGQ：18/1416，TNS—SHE：0/477。

第 2 步，预留吨位。

TSN—SHE：客预售 10 人，10 × 72=720 千克；行李按 10 千克/人，10 × 10=100 千克；邮件 20 千克。

TSN—CGQ：客预售 8 人，8 × 72=576 千克；行李按 10 千克/人，8 × 10=80 千克；邮件 10 千克。

预配结果如表 6-11 所示。

表 6-11　预配结果

航段	可用业载	旅客	行李	邮件	可配货	合计	备注
TSN—SHE	0/477	10/720	100	20	－363（0）	10/840	10/363
TSN—CGQ	18/1416	8/576	80	10	750/387	8/1053	－10/－363
TR 过境	30/2807	—	—	—	—	30/2807	—
TTL	48/4700	18/1296	180	30	387	48/4700	0/0

结论：当 TSN 满载出行时，TSN—SHE 可配货为 0 千克；由于短航段超载 10/363，需要从长航段让出，因此 TSN—CGQ 可配货 387 千克。

2. 经停站的结算工作

【例 6-18】承例 6-19，TSN 结算如下，各航段旅客人数不变。TSN—SHE，收行李 70 千克，没有邮件、货物；TSN—CGQ，收行李 85 千克，邮件 10 千克，货物 250 千克。结算结果如表 6-12 所示。

表 6-12　结算结果

航段	可用业载	旅客	行李	邮件	实配货	合计	备注
TSN—SHE	0/477	10/750	70	0	0	10/820	10/343
TSN—CGQ	18/1416	8/600	85	10	250	8/945	－10/－471
TR	30/2807	—	—	—	—	30/2807	—
TTL	48/4700	—	—	—	—	48/4572	－0/－128

结论：本站点缺载 128 千克。

本章小结

本章主要讲解飞机的最大业载和飞机的载重平衡方面的相关知识。要求学生掌握飞机的起飞重量、落地重量、无油重量的组成及影响因素；掌握业载的影响因素及最大业载的计算方法；能够利用划线法进行各航段业载的分配；能够进行始发站及经停站的预配和结算工作。

自我检测与实训

一、简答题

1. 飞机的最大起飞重量有哪些限制因素？
2. 配载工作的基本原则是什么？
3. 配载的步骤是什么？
4. 飞机的最大业载包括哪些内容？最大业载与哪些因素相关？
5. 各航段业载分配的原则是什么？

二、实训题

1. 某次航班从海口飞往长沙，飞机上载有 1670 千克的货物，载有行李 80 件，共重 780 千克，载有旅客 107 人。试计算本次航班的实际业载。

2. B-2501 号飞机（B737-200）执行航班任务，基本重量为 28 799 千克，增加一名机组人员（按 80 千克计算）。起飞油量为 9800 千克，航段耗油量为 5900 千克。飞机的最大起飞重量为 56 463 千克，最大着陆重量为 48 526 千克，最大无油重量为 43 084 千克。计算本次航班的最大业载。

3. 利用划线法分配各航段业载。

（1）A———B———C———D

5670　　6100　　5820

（2）A————B————C————D————E

96/9400　　96/9900　　96/8900　　96/9250

（3）　　300　　500　　100

A———B———C———D———E

6569　6789　6890　7210

（4）　　+200　－100

　　　　400　　400　　100

A———B———C———D———E

8230　8500　8920　8110

4. 请进行航班的预配工作。

某航班执行 SYX—CAN—SHA—PEK 航段，各航段的可用业载和固定配额情况如下:

　　　　5/500　　4/400

SYX———CAN———SHA———PEK

52/5100　52/5300　52/5200

预配时了解到航班的业载情况如表 6-13 所示。

表 6-13 航班的业载情况

航段	旅客预留/人	行李预留/千克	邮件预留/千克
SYX—CAN	5	行李按照每人 15 千克预留	150
SYX—SHA	6	行李按照每人 15 千克预留	0
SYX—PEK	19	行李按照每人 15 千克预留	200

第七章 载重平衡工作

第一节 飞机的结构与平衡

一、飞机的结构

到目前为止，除了少数特殊形式的飞机，大多数飞机由机翼、机身、尾翼、起落装置和动力装置 5 个主要部分组成，如图 7-1 所示。

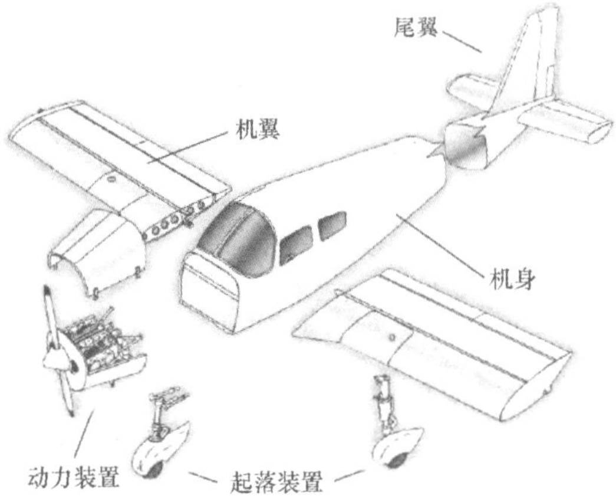

图 7-1 飞机的结构

1. 机翼

机翼的主要作用是产生升力，以支持飞机在空中飞行，同时起到一定的稳定和操作作用。在机翼上一般安装有副翼和襟翼，操纵副翼可使飞机滚转，放下襟翼可使升力增大。机翼上还可安装发动机、起落架和油箱等。不同用途的飞机，其机翼形状、大小也各有不同。

机翼是飞机上产生升力的主要部件，一般分为左右两个翼面，对称地布置在机身两边。机翼的一些部位（主要是前缘和后缘）可以活动。飞行员操纵这些部分可以改变机翼的形状，控制机翼升力或阻力的分布，以达到增加升力或改变飞机姿态的目的。机翼上常用的活动翼面有各种前后缘增升装置、副翼、扰流片、减速板、升降副翼等。机翼内部经常用来放置燃油。在机翼厚度允许的情况下，飞机主起落架也经常全部或部分地收在机翼内。此外，许多飞机的发动机是直接固定在机翼上或是吊挂在机翼下面。机翼的结构如图 7-2 所示。

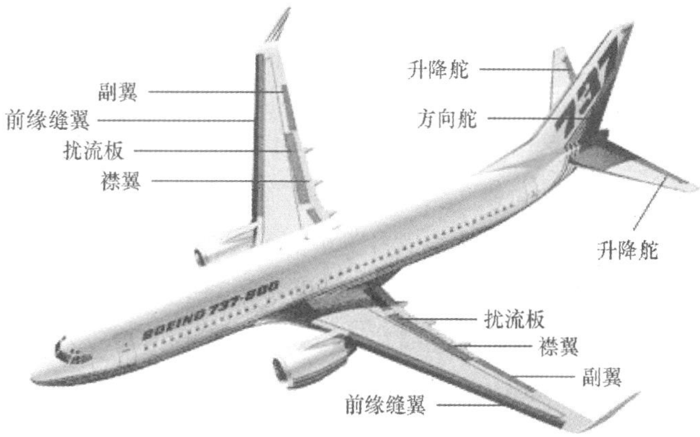

图 7-2　机翼的结构

机翼的平面形状多种多样，常见的有矩形翼、梯形翼、后掠翼、三角翼、双三角翼、箭形翼、边条翼等。现代飞机一般都是单翼机，但历史上也曾流行过双翼机（两副机翼上下重叠）、三翼机和多翼机。根据单翼机的机翼与机身的连接方式可分为下单翼、中单翼、上单翼和伞式上单翼（即机翼在机身的上方，由一组撑杆将机翼和机身连接在一起）。

2．机身

机身的主要功能是装载乘员、旅客、武器、货物和各种设备，将飞机的其他部件（如机翼、尾翼及发动机等）连接成一个整体。

3．尾翼

尾翼包括水平尾翼和垂直尾翼。水平尾翼由固定的水平安定面和可动的升降舵组成，有的高速飞机将水平安定面和升降舵合为一体成为全动平尾。垂直尾翼包括固定的垂直安定面和可动的方向舵。尾翼的作用是操纵飞机俯仰和偏转，保证飞机平稳飞行。

4．起落装置

飞机的起落装置（即起落架）大多由减震支柱和机轮组成，作用是起飞滑跑、着陆滑跑、地面滑行和停放时支撑飞机。

5．动力装置

动力装置主要用来产生拉力和推力，使飞机前进。除此之外，还可为飞机上的其他用电设备提供电源等。目前应用较广泛的飞机动力装置有航空活塞式发动机加螺旋桨推进器、涡轮喷气发动机、涡轮螺旋桨发动机和涡轮风扇发动机。除了发动机本身，动力装置还包括一系列保证发动机正常工作的系统。

除了这 5 个主要部分，根据操作和执行任务的需要，飞机还装有各种仪表、通信设备、领航设备、安全设备等其他设备。

二、飞机的平衡

平衡对飞机的稳定性、可控性及飞行安全极其重要。

飞机的平衡直接受各部分作用力的影响，如空气对飞机的作用力、业载对飞机的作用力等。作用于飞机各部位的力，如果不是通过飞机的重心，就要对飞机的重心构成力矩，促使飞机发生转动。引起飞机上仰或下俯的力矩称为俯仰力矩；引起飞机向左侧或右侧倾斜的力矩称为滚转力矩；引起飞机向左方或右方转向的力矩称为偏转力矩。由于力矩有 3 种，因此飞机的平衡也有 3 种，即俯仰平衡、横侧平衡和方向平衡。

1．俯仰平衡

俯仰平衡（图 7-3）是指作用于飞机上的上仰力矩和下俯力矩彼此相等，使飞机既不上仰，也不下俯。

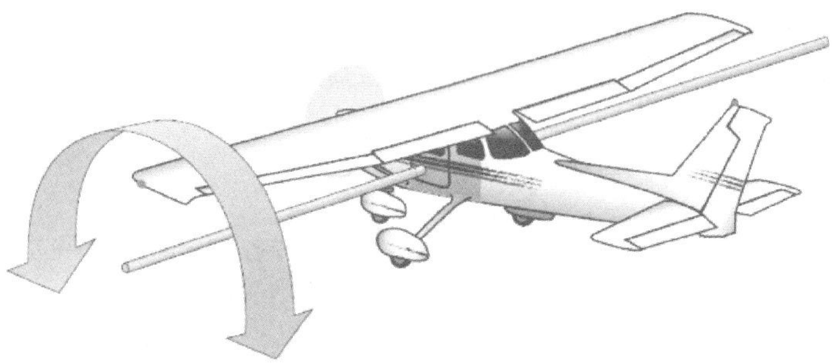

图 7-3　俯仰平衡

影响飞机俯仰平衡的因素主要有旅客的座位安排方式和货物的装载位置及滚动情况、机上人员的走动、燃料的消耗、不稳定气流、起落架或副翼的伸展和收缩等。因此，配载人员在安排旅客的座位时，除按照舱位等级与旅客所持客票的票价等级相当来安排，在对重心影响较小的舱位尽量多安排旅客，并且在飞机起降时请旅客不要在客舱内走动，以免影响飞机的俯仰平衡和旅客的安全；在安排货物时，对重心影响程度小的货舱尽量多装货物，并且散装货物要固定牢靠，防止货物在货舱内滚动，影响俯仰平衡及造成货物损坏。

当飞机受外界干扰而失去俯仰平衡时，飞行员可以靠飞机自身的安定性能自动恢复平衡，也可通过操纵驾驶杆改变升降舵角度而使飞机恢复俯仰平衡。

2. 横侧平衡

横侧平衡（图 7-4）是指作用于飞机机身两侧的滚动力矩彼此相等，使飞机既不向左滚转，也不向右滚转。

图 7-4 横侧平衡

影响飞机横侧平衡的因素主要有燃油的加装和利用方式、货物装载情况和滚动情况，以及空气流的作用等。因此，加油和耗油时都要保证左右机翼油箱等量。尤其对于宽体飞机，装载货物时要保证机身两侧的载量相差不大，同时稳固固定，避免货物在飞机失去横侧平衡时向一侧滚动而加重不平衡的程度。

当由于某种原因飞机失去横侧平衡时，飞行员可以通过改变某侧机翼的副翼角度而使飞机恢复横侧平衡。例如，当飞机向左侧滚转时，可增大左侧副翼放下角度使左侧升力增大，即使向右滚转的力矩增大，使飞机重新回到横侧平衡状态。

3. 方向平衡

方向平衡（图 7-5）是指作用于飞机两侧的力形成的使飞机向左和向右偏转的力矩彼此相等，使飞机既不向左偏转，也不向右偏转。

影响方向平衡的因素主要有发动机推力和横向风。例如，飞机飞行时一台发动机停车，则飞机必然向该发动机所在一侧偏向。又如，飞机飞行时遇到强烈横向风，则会出现偏向。

当由于某种情况使飞机失去方向平衡时，飞行员可以通过改变方向舵角度，使飞机向相反方向偏转，即可使飞机恢复方向平衡。例如，当飞机向右侧偏向时，飞行员可使方向舵向左偏一定角度，产生向左偏转的力矩，使飞机回到原方向来。

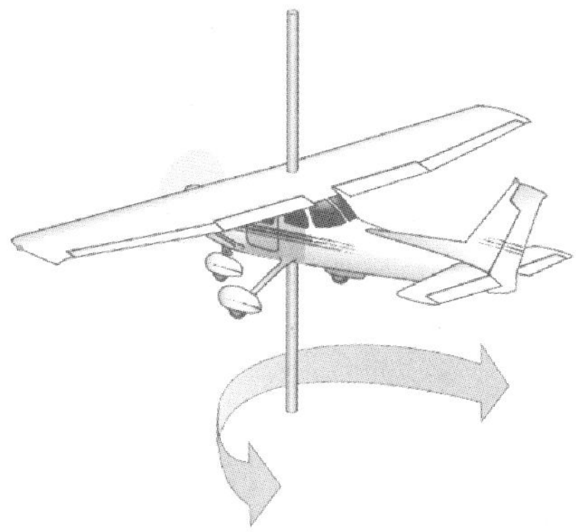

图 7-5 方向平衡

由于飞机有俯仰平衡、横侧平衡和方向平衡，因此只有飞机同时处于这 3 种平衡状态时，才说明飞机处于平衡状态。

第二节　飞机的重心及计算

一、飞机的重心

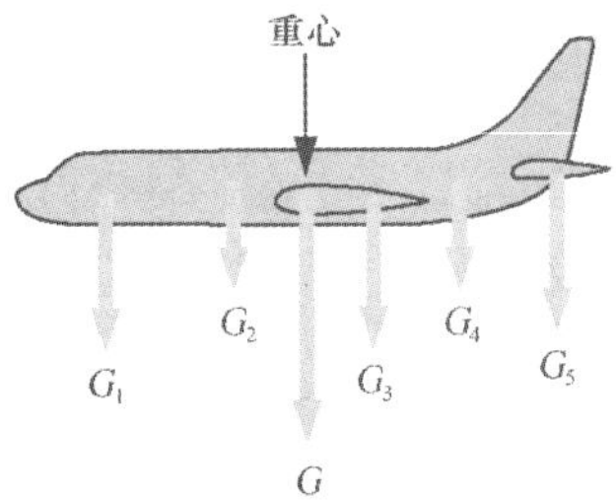

飞机各部分重力的合力叫飞机的重力

$G=G_1+G_2+G_3+G_4+G_5+\cdots$

图 7-6　飞机的重心

飞机的各个部位都具有重力，所有重力的合力为整个飞机的重力，飞机重力的着力点为飞机的重心（图 7-6）。飞机的重心是一个假设的点，假定飞机的全部重量都集中在这个点上并支撑起飞机，飞机就可以保持平衡。

飞机做任何转动都是围绕飞机的重心进行的。飞机重心的位置取决于载量在飞机上的分布，除了在重心位置，飞机上任何部位的载重量发生变化，都会使飞机的重心位置发生移动，并且重心总是向载重增大的方向移动。

1．限制飞机重心位置的原因

限制飞机重心位置的因素有飞机的安定性和飞机的操纵性。

2．重心位置的表示方法

（1）翼弦。在飞机机翼上任何部位的横截面（图 7-7）中，机翼前部称为机翼前缘，机翼后部称为机翼后缘。前缘和后缘之间的直线段称为机翼的翼弦。由于现代飞机机翼的几何形状不是简单的矩形而常为锥形后掠状，因此飞机机翼上从翼根至翼尖之间每一处的翼弦的长度一般是不相同的。

（2）标准平均翼弦。在所有翼弦中，长度等于机翼面积与翼展之比的翼弦称为标准平均翼弦，用 SMC（standard mean chord）表示。

（3）平均空气动力弦。假想一个矩形机翼，其面积、空气动力特性和俯仰力矩等都与原机翼相同。该矩形机翼的翼弦与原机翼某处的翼弦长度相等，则原机翼的这条翼弦即为平均空气动力弦，用 MAC（mean aerodynamic chord）表示，如图 7-8 所示。

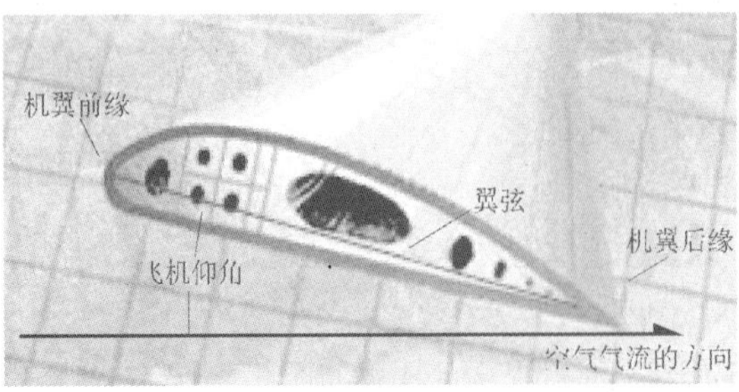

图 7-7　机翼横截面

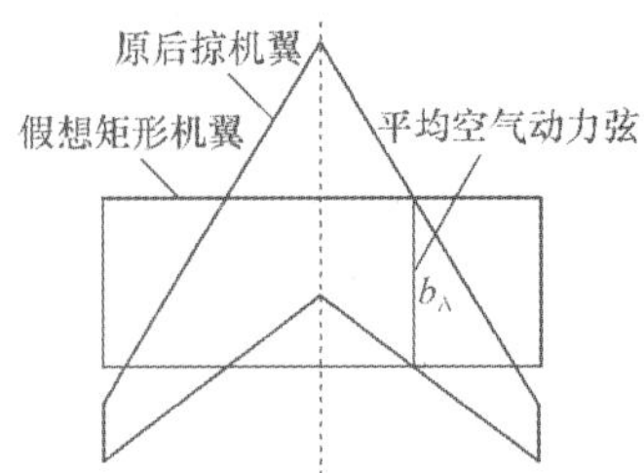

图 7-8　平均空气动力弦

每种机型的平均空气动力弦和标准平均翼弦的长度和所在位置都是固定的，都已在飞机的技术说明书中写明，因此就可以把飞机的重心投影到平均空气动力弦（图 7-9）（或标准平均翼弦，但较少用）上，然后以重心投影点与平均空气动力弦的前缘之间的距离占平均空气动力弦长度的百分之几（即平均空气动力弦百分比，用 %MAC 来表示）来表示重心的位置，即

$$重心位置=\frac{重心投影点与平均空气动力弦前缘的距离X}{平均空气动力弦长度b_A}\times 100\%\ MAC \qquad (7\text{-}1)$$

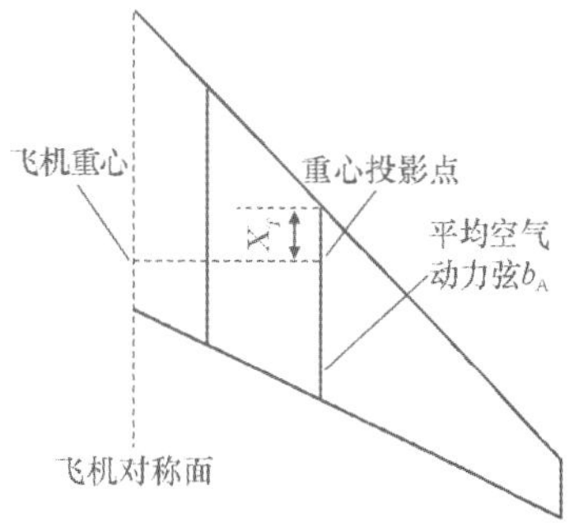

图 7-9　飞机重心投影到平均空气动力弦

【例 7-1】某型飞机的平均空气动力弦长度为 6.916 42 米，重心在该弦上的投影点距翼弦前缘的距离为 1.647 米，求飞机重心的位置。

解

重心位置 =1.647/6.916 42×100% MAC=23.82% MAC

由此可见，重心位置占的百分比越大，则重心位置越靠后。

二、飞机重心位置不正常情况的处理

飞机重心位置不正常的处理方法有以下几种。

（1）超载。超载时按下列顺序拉下适当的载量：①货物、邮件。需要拉下货物、邮件时，应及时通知货运部门，由货运部门选择拉下何种货物和邮件。②行李。在无货物、邮件可拉时，拉下的行李应由最早的航班运出。③旅客。适用于在无货物、邮件、行李可拉的情况。

（2）重心位置不符合要求的处理。①倒舱位。从重心偏出方向的货舱内卸下适量货物、邮件或行李装入重心另一方向的货舱内。②卸货。当货舱满载无法倒舱时，可从重心偏出方向货舱内卸下适量的货物、邮件或行李。③调换旅客的座位。④加压舱油或压舱物。

在采用倒舱位的方法调整重心位置时，因为各个货舱的位置是固定不变的，所以在某两个货舱之间倒货的重量与飞机重心位置的变化量是成正比例的。因此，若知道两个货舱之间每倒单位重量货物时飞机重心位置的变化量，根据飞机现在的重心位置和理想的重心位置之差，即可计算出需要倒舱的货物量。

【例 7-2】某飞机倒舱时重心变化情况如表 7-1 所示。

表 7-1　某飞机倒舱时重心变化情况

每倒 100 千克货物	重心变化
货舱 1 →货舱 2	0.1% MAC
货舱 2 →货舱 3	0.3% MAC

结算时计算出飞机的重心为 18.7% MAC，配载人员认为重心过于靠前，希望将飞机重心调整至 20.2% MAC。试制订倒舱方案。

解　需要调整的重心变化量为

$$20.2\%\ \text{MAC} - 18.7\%\ \text{MAC} = 1.5\%\ \text{MAC}$$

由表 7-1 可知，从货舱 1 到货舱 2，每倒 100 千克货物，重心变化 0.1%MAC；从货舱 2 到货舱 3，每倒 100 千克货物，重心变化 0.3%MAC。因此有

货舱 1 →货舱 2 时需要倒货的重量为

$$\frac{1.5\%\text{MAC}}{0.1\%\text{MAC}} \times 100 = 1500\text{（千克）}$$

货舱 2 →货舱 3 时需要倒货的重量为

$$\frac{1.5\%\text{MAC}}{0.3\%\text{MAC}} \times 100 = 500\text{（千克）}$$

货舱 1 →货舱 3 时需要倒货的重量为

$$\frac{1.5\%\text{MAC}}{(0.1\% + 0.3\%)\ \text{MAC}} \times 100 = 375\text{（千克）}$$

具体采用哪个方案需要根据各货舱现有货物量决定。

三、重心位置的计算方法

（一）代数法

1．计算原理

从俯仰平衡的角度来看，飞机的重心是下俯力矩（即低头矩）和上仰力矩（即抬头矩）在数量上相等的一点。

空飞机的重量和重心位置都可以在飞机的履历册中查出。在空飞机上增加重量，只要不是在空飞机的重心位置上增加，就会使飞机的重心位置发生移动。至于移动的方向和距离则取决于增加重量的位置和多少。同样，在飞机上减去重量，也将使飞机的重心位置发生移动。为了便于计算飞机装载后的重心位置，可以根据计算的需要，在飞机机身纵轴线上指定一点作为基准点。飞机的每项重量与基准点的水平距离，就是该项重量的力臂。每项重量乘以它的力臂就是该项重量构成的力矩。在计算飞机的重心位置时，一般假设机头向左方，因此如果某项重量的位置在基准点的左侧，则它的力臂取负值，构成的力矩项对于基准点为低头力矩；如果某项重量的位置在基准点的右侧，则它的力臂取正值，构成的力矩项对于基准点为抬头力矩。凡是加在飞机上的重量都取正值，凡是从飞机上取下的重量都取负值。按照这个规定逐一计算出各项重量（包括空机重量）构成的力矩值，为负值时为低头矩，得正值时为抬头矩。把所有力矩值加总得到力矩总和。由于合力绕任何一点的力矩等于各个分力绕该点的力矩之和，即

$$\text{总重量} \times \text{重心相对基准点距离} = \text{所有力矩和}$$

故有

$$重心相对于基准点距离=所有力矩和/总重量 \tag{7-2}$$

2. 示例

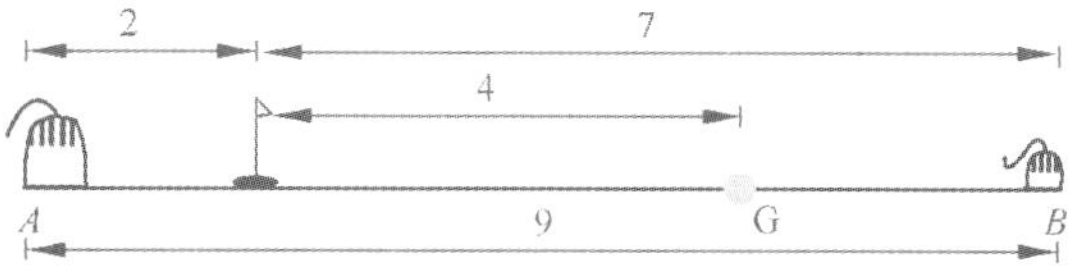

图 7-10 例 7-3 图

【例 7-3】如图 7-10 所示，*AB* 长 9 米，*A* 点重量 1 千克，*B* 点重量 2 千克。求重心位置。

解 设基准点在 *A* 右方 2 米处，则

$$A\text{ 点力矩}=(-2)\times 1=-2\text{（千克·米）}$$

$$B\text{ 点力矩}=7\times 2=14\text{（千克·米）}$$

所以有

$$\text{重心位置}=(-2+14)/(1+2)=4\text{（米）}$$

即重心位置在基准点右侧 4 米处，在 *A* 点右侧 6 米处。

由于事先指定了基准点的位置，因此知道了重心相对于基准点的距离，就得到了重心的实际位置。式（7-2）的值为正时，表示重心在基准点的右侧；若为负值，则表示重心在基准点的左侧。知道了飞机重心的实际位置和平均空气动力弦的位置及长度，就可由式（7-1）计算出飞机的重心位置。

计算飞机装载后的重心位置的原理及方法与例 7-3 相同，只是由于飞机机身更长，装载重量更大，装载项目更多，因此数字更大，计算更复杂而已。

（二）站位法

站位是用以表示飞机上任何一点的位置的一种度量单位。在设计、制造飞机时，厂家选定某一点为站位基准点，该点处定义为 *O* 站位，而其他任何点相对于站位基准点的距离，称为此任意点的站位。一般取站位基准点右侧各点的站位为正值，左侧各点的站位为负值，这样只要确定了站位基准点的位置，则飞机上任何一点的站位均可确定。飞机上各个装载项目所在站位数可以直接作为该项目的力臂值。于是可用下式计算出飞机重心的站位数，即

$$\text{重心站位数}=\frac{\text{所有力矩之和}}{\text{总重量}} \tag{7-3}$$

采用英制单位的国家，一般用英寸作为站位单位，称为站位英寸；采用公制单位的国家，则用米作为站位单位，称为站位米。这样就可直接用式（7-3）计算出飞机重心的站位数。

求出重心的站位数后，可由式（7-1）换算成平均空气动力弦百分比，即

$$\frac{\text{重心站位数}-\text{平均空气动力弦前缘的站位数}}{\text{平均空气动力弦长度}}\times 100\%\ \text{MAC}$$

有些机型除了利用站位基准点的坐标体系，还选定一点作为平衡基准点（或称力矩基准点），所有装载项目的力臂长度都以平衡基准点为准计算。这就需要把各个装载项目以站位基准点为准计算的力臂（即该项目的站位数）换算成以平衡基准点为准的力臂，换算公式为

$$\text{装载项目相对于平衡基准点的力臂} = \text{装载项目的站位数} - \text{平衡基准点的站位数} \quad (7\text{-}4)$$

再计算飞机的重心位置:

$$\text{重心相对于基准点的位置} = \frac{\text{所有力矩之和}}{\text{总重量}} \quad (7\text{-}5)$$

计算结果是重心相对于平衡基准点的位置，然后换算成重心的站位数:

$$\text{重心的站位数} = \text{重心相对于平衡基准点的位置} + \text{平衡基准点的站位数} \quad (7\text{-}6)$$

（三）指数法

指数法和代数法计算原理相同，因飞机基于某个基准点的力矩数据较大，为了方便计算不采用实际力矩，而采用一类与力矩有一定关系的数值，这个关系是人为设定的。目前很多种机型在载重平衡的计算中采用指数法，所用指数大体可以分为两类：一类是以力矩数作为基数，按照规定换算成指数；另一类是以平均空气动力弦百分比作为基数，按照规定换算成指数。

1. 以力矩数为基数的指数

计算飞机重心位置时，需要计算各项重量的力矩数。空机重量和重心位置是已知的，因此相对于某个基准点的力矩数是可算的。在空机上加入附加设备、空勤组及携带物品、服务设备、供应品等项目后，也可计算出基本重量的力矩数，这个数值一般也是固定的。此外，还需计算出燃油、旅客和货物的力矩数。这 3 项的重量虽然每次飞行都不同，但客舱每排座位的位置、每个货舱的位置、每个油箱的位置都是固定的，因此可预先计算出每一个部位单位装载量（如 1 个人或 100 千克重量）所构成的力矩数（例如，第一排座位安排 1 名旅客时构成的力矩数，第二排座位安排 1 名旅客时构成的力矩数，第 1 号货舱装载 100 千克货物时构成的力矩数，第 1 号油箱装入 100 千克燃油时构成的力矩数），然后计算每次飞行的各项重量的力矩时，只需把各排座位、各货舱、各油箱的实际装载量与其单位装载量的比值和其单位装载量的力矩数相乘，便可计算出实际装载的各项重量构成的力矩数。把这些力矩数与基本重量的力矩数相加，就得到飞机装载后总力矩数。在计算时，重量一般以千克为单位，力臂一般以米为单位，因而计算出的力矩数值很大，计算困难。为了方便，通常把单位装载量构成的力矩数乘以一个适当的缩小系数（如 1/100、1/1000、1/3000 等，因机型而定）作为实际使用的基数，这个基数称为单位装载量的指数。把基本重量、燃油和业载构成的力矩数分别乘以该缩小系数，就得到基本重量指数、燃油指数和业载指数，把这 3 个指数相加就得出飞机装载后的总指数。根据飞机装载后的总指数和总重量，就可以从事先经过计算而画出的平衡图表中查出飞机的重心% MAC 位置。B737、B747、B757、B767、A300 等机型就采用了这种指数。

2. 以平均空气动力弦百分比为基数的指数

从式（7-1）和式（7-2）可以看出，在总重量不变的条件下，总力矩与% MAC之间具有一定的关系，总力矩越大，% MAC也越大，因而可以用% MAC作为指数。把空机重心% MAC作为空机指数，计算出各种装载位置的单位装载量对于空机重心% MAC的影响数值（即在空机上装了这个单位装载量后使空机重心% MAC位置移动的数量），称为该装载位置的单位装载量指数。有了这些指数，就可以计算出飞机装载后的总指数。根据总指数和总重量，从事先计算并画出的平衡图表中查出飞机的% MAC。俄制飞机如IL-62和TU-154等机型就采用这种指数。

实际上，指数法是代数法的推衍和简化。

（四）载重平衡图表法（本章第三节详解）

每次飞行前都要准确地计算出飞机的重心位置。指数法虽然比代数法简便，但仍需要进行大量计算，既费时、费力又易出现错误。载重平衡图表是以指数法为基础设计出来的，即指数法的图表化。用载重平衡图表计算飞机的装载位置要比用指数法简便得多。

第三节 载重平衡图表

一、载重平衡图表简介

（一）载重平衡图表的组成

载重平衡图表一般由载重表及载重电报（loadsheet and loadmessage）、平衡图（weight and balance manifest）和装载指示表（loading instruction，即装机单）3部分组成。因航空公司规定、机型特征等不同，每套载重平衡图表在内容和数据方面有一定的差异。

（二）载重平衡图表的分类

载重平衡图表主要根据航空公司和机型分类。

（三）载重平衡图表的样式

载重平衡图表详见插图4。

二、载重平衡图表的填写

（一）载重表及载重电报部分

载重表的组成如图7-11所示。载重电报将在第八章第二节第一部分详细介绍。

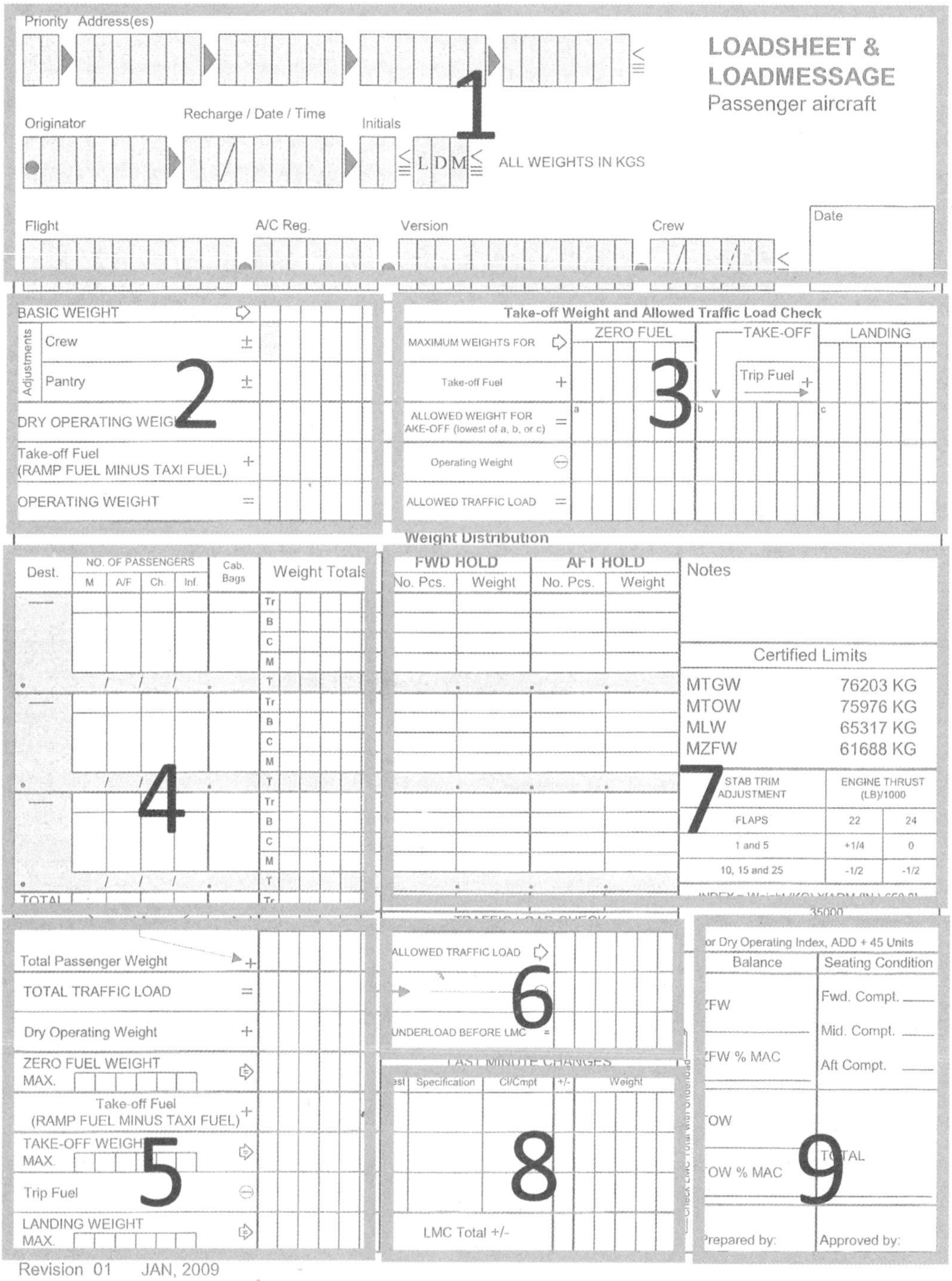

1—表头；2—基本重量和操作重量；3—飞机最大业载；4—实际业载；5—飞机实际重量；6—剩余业载；7—业载分布情况；8—最后一分钟修正；9—其他。

图 7-11 载重表的组成

1. 表头部分的填写

表头部分的填写如表 7-2 所示。

表 7-2　表头部分的填写

序号	栏目	说明	填写示例
1	Priority	电报等级代号	QU
2	Address(es)	收电地址，载重电报收电部门的 7 个英文字母	PEKTZCA
3	Originator	发电地址，本站发电部门	SYXTZHU
4	Recharge	双签字，执行该航班任务的航空公司二字代码	HU
5	Date/Time	日时组	170930
6	Initials	发报人代号	
7	LDM	电报识别代码	载重电报
8	Flight	航班号	HU7373
9	A/C Reg.	飞机注册标号	B2576
10	Version	飞机座位布局	F8Y156
11	Crew	机组人数，如机头机组数/客舱机组数	2/6
12	Date	制表时间	17OCT12

2. 飞机修正后的基本重量和飞机的操作重量的填写

例如：某航班执行 XMN—NKG—SJW 航线，基本信息如下：
MTOW 67131　MLDW 58059　MZFW 54657
BW 38727　TOF 7850　TFW 3700
XMN—NKG：旅客 80.02.01（成人、儿童和婴儿数量）
　　　　　　行李 500 千克　货物 1700 千克　邮件 100 千克
XMN—SJW：旅客 40.0.0
　　　　　　行李 300 千克　货物 500 千克　邮件 0 千克
飞机修正后的基本重量和飞机的操作重量的填写如图 7-12 所示。

3. 飞机最大业载的填写

飞机最大业载计算后填入表中，如图 7-13 所示。

4. 计算实际业载

计算实际业载时，行李、货物、邮件按照实际重量计重，旅客按照 72/36/8 进行计算，之后填入表中，如图 7-14 所示。

BASIC WEIGHT	⇨		3	8	7	2	7
Adjustments Crew	±						
Adjustments Pantry	±						
DRY OPERATING WEIGHT			3	8	7	2	7
Take-off Fuel (RAMP FUEL MINUS TAXI FUEL)	+			7	8	5	0
OPERATING WEIGHT	=		4	6	5	2	7

图 7-12　飞机修正后的基本重量和飞机的操作重量的填写

Take-off Weight and Allowed Traffic Load Check																			
MAXIMUM WEIGHTS FOR	⇨	ZERO FUEL						TAKE-OFF						LANDING					
			5	4	6	5	7								5	8	0	5	9
Take-off Fuel	+			7	8	0	0	↓		Trip Fuel + →						3	7	0	0
ALLOWED WEIGHT FOR TAKE-OFF(lowest of a,b,or c)	=	a	6	2	4	5	7	b	6	7	1	3	1	c	6	1	7	5	9
Operating Weight	⊖														4	6	5	2	7
ALLOWED TRAFFIC LOAD	=														1	5	2	3	2

图 7-13　飞机最大业载的填写

5．计算飞机实际重量（实际起飞重量、实际落地重量、实际无油重量）

计算飞机实际重量并填表，如图 7-15 所示。

6．计算剩余业载

计算剩余业载并填表，如图7-16所示。

Dest.	NO.OF PASSENGERS				Cab. Bags	Weight Totals					
	M	A/F	Ch.	Inf.							
—						Tr					
						B					
						C					
						M					
•	/	/	/	.		T					
—						Tr					
NKG		80	02	01		B			5	0	0
						C		1	7	0	0
						M			1	0	0
•	/ 80	/ 02	/ 01	.		T		2	3	0	0
—						Tr					
SJW		40				B			3	0	0
						C			5	0	0
						M					
•	/ 40	/	/	.		T			8	0	0
TOTAL		120	02	01		Tr		3	1	0	0

图 7-14 实际业载的填写

TOTAL				3	1	0	0
	+						
Total Passenger Weight	+			8	7	2	0
TOTAL TRAFFIC LOAD	=		1	1	8	2	0
ADJUSTED APS WEIGHT Dry Operating Weight	+		3	8	7	2	7
ZERO FUEL WEIGHT	⇨		5	0	5	4	7
	±						
MAX. 5 4 6 5 7	⇨						
Take-off Fuel (RAMP FUEL MINUS TAXI FUEL)	+			7	8	0	0
TAKE-OFF WEIGHT	⇨		5	8	3	4	7
	±						
MAX. 6 1 7 5 9	⇨						
Trip Fuel	⊖			3	7	0	0
LANDING WEIGHT	⇨		5	4	6	4	7
	±						
MAX. 5 8 0 5 9	⇨						

图 7-15 飞机实际重量的填写

7．业载分布情况的填写

业载分布情况的填写，如图 7-17 所示。

TRAFFIC LOAD CHECK						
ALLOWED TRATTIC LOAD	⇨	1	5	2	3	2
——————→	⊖	1	1	8	2	0
UNDERLOAD BEFORE LMC	=		3	4	1	2
	=					

图 7-16　剩余业载的填写

Weight Distribution

Weight TOTAL						FWD HOLD		AFT HOLD	
						No.Pcs	Weight	No.Pcs	Weight
Tr									
B									
C									
M									
T									
Tr									
B			5	0	0	500			
C		1	7	0	0	200	300	1200	
M			1	0	0			100	
T		2	3	0	0	700	300	1300	
Tr									
B			3	0	0				300
C			5	0	0		500		
M									
T		3	1	0	0	700	800	1300	300
Tr						700	800	1300	300

图 7-17　业载分布情况的填写

8．最后一分钟修正

最后一分钟修正如图 7-18 所示。

LAST MINUTE CHANGES								
Dest	Specification	Cl/Cmpt	+/–	Weight				
LMC Total +/–								

图 7-18　最后一分钟修正

9. 飞机重心相关数据

飞机重心相关数据根据相关参数确定。

（二）平衡图部分（折线图法）

平衡图的组成如图 7-19 所示，其中，水平尾翼角度修正如图 7-20 所示，飞机重心位置如图 7-21 所示。

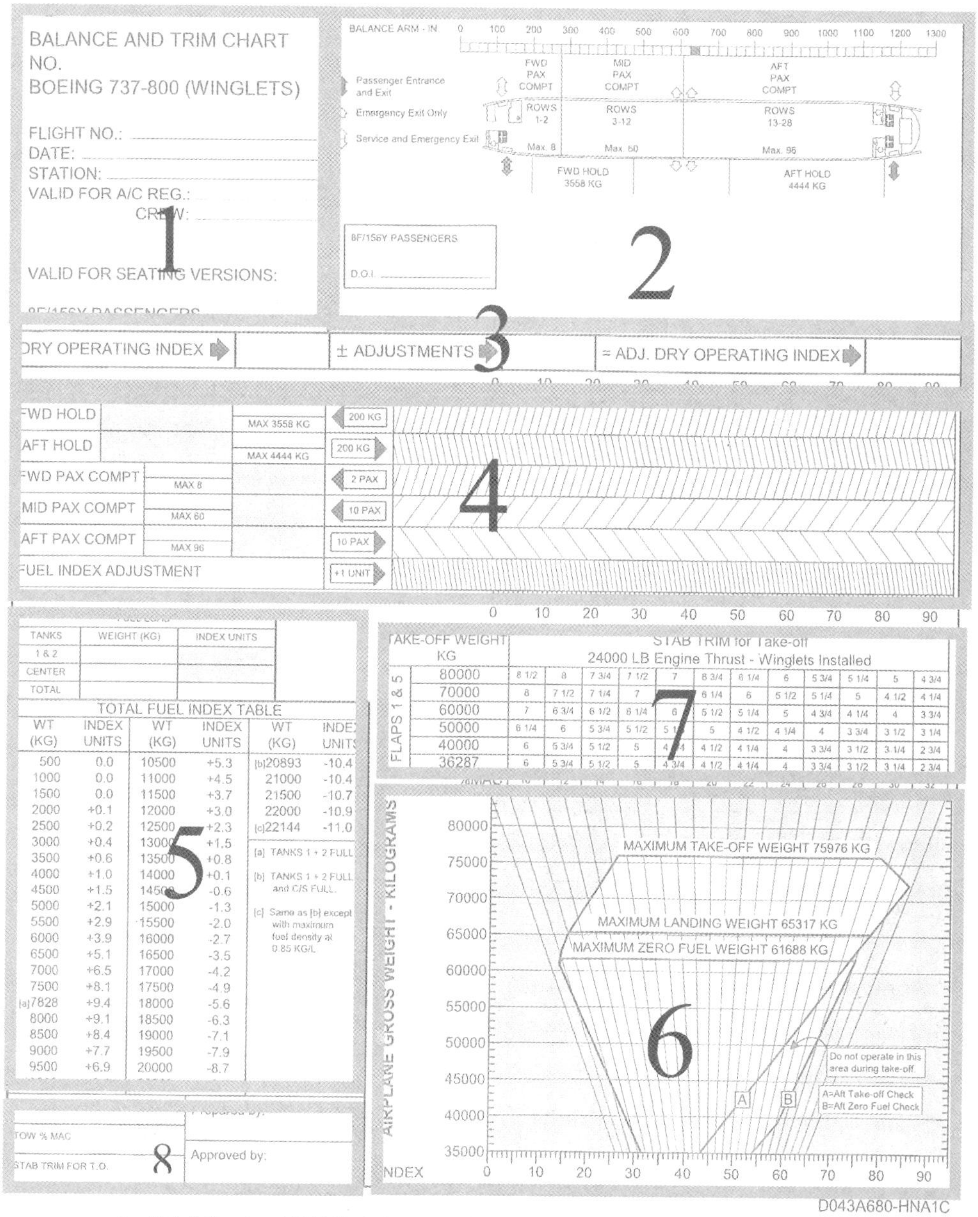

1—基本信息；2—飞机结构平面图；3—基本重量指数修正；4—折线图；5—油量指数修正；6—重心图；7—配载平衡图表；8—其他。

图 7-19 平衡图的组成

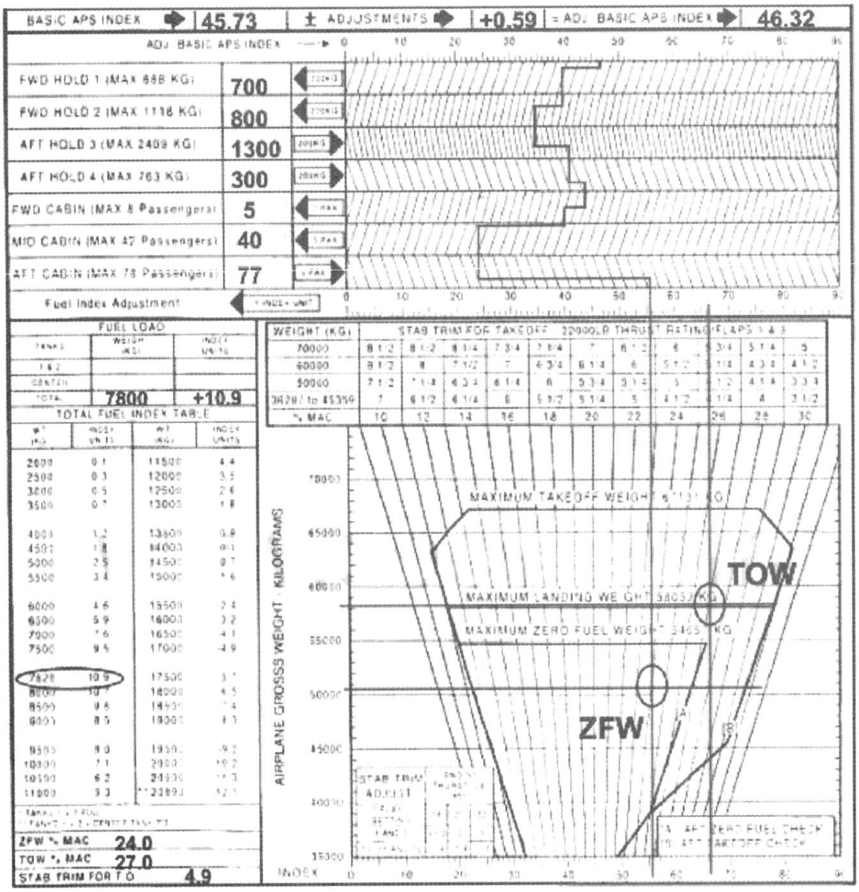

图 7-20　水平尾翼角度修正

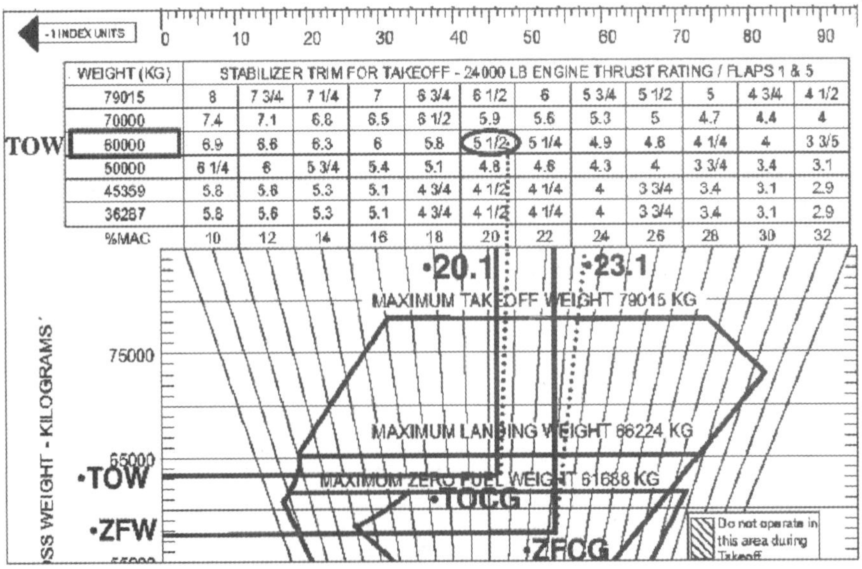

图 7-21　飞机重心位置

（三）装载指示表部分

装载指示表即装机单，其样式及填写要求详见本章第四节内容。

三、载重平衡图表举例

（1）B737 系列机型的载重平衡图表如插图 1 和插图 2 所示。
（2）A320 系列机型的载重平衡图表如插图 3 所示。
（3）A340 系列机型的载重平衡图表如插图 4 所示。

第四节 装 机 单

1. 装机单的样式

装机单的样式如图 7-22 所示。

2. 装机单的填写要求

（1）航班号、飞机号、目的站填写要准确。
（2）装载的位置和装载的重量填写要准确、清楚。
（3）无法装载的舱位应标识。
（4）集装箱板应注明各箱板的代码。
① 集装器的识别代号。例如，AKE 3166 CA，其中：
A —— 集装器种类代码；
K —— 集装器底板尺寸代码；
E —— 标准拱外形和适配代码；
3166 —— 集装器识别编号；
CA —— 集装器所属承运人。
② 集装板的代号识别。例如，P1P 216 MU，具体如表 7-3 所示。
第一个字母：集装器种类。
A —— 适航审定的集装箱；
D —— 非适航审定的集装箱；
P —— 适航审定的集装板；
R —— 适航审定的保温集装箱；
F —— 非适航审定的集装板。
第二个字母或数字：底板尺寸（单位：毫米）。
1　　2235 × 3175
6/M　2438 × 3175

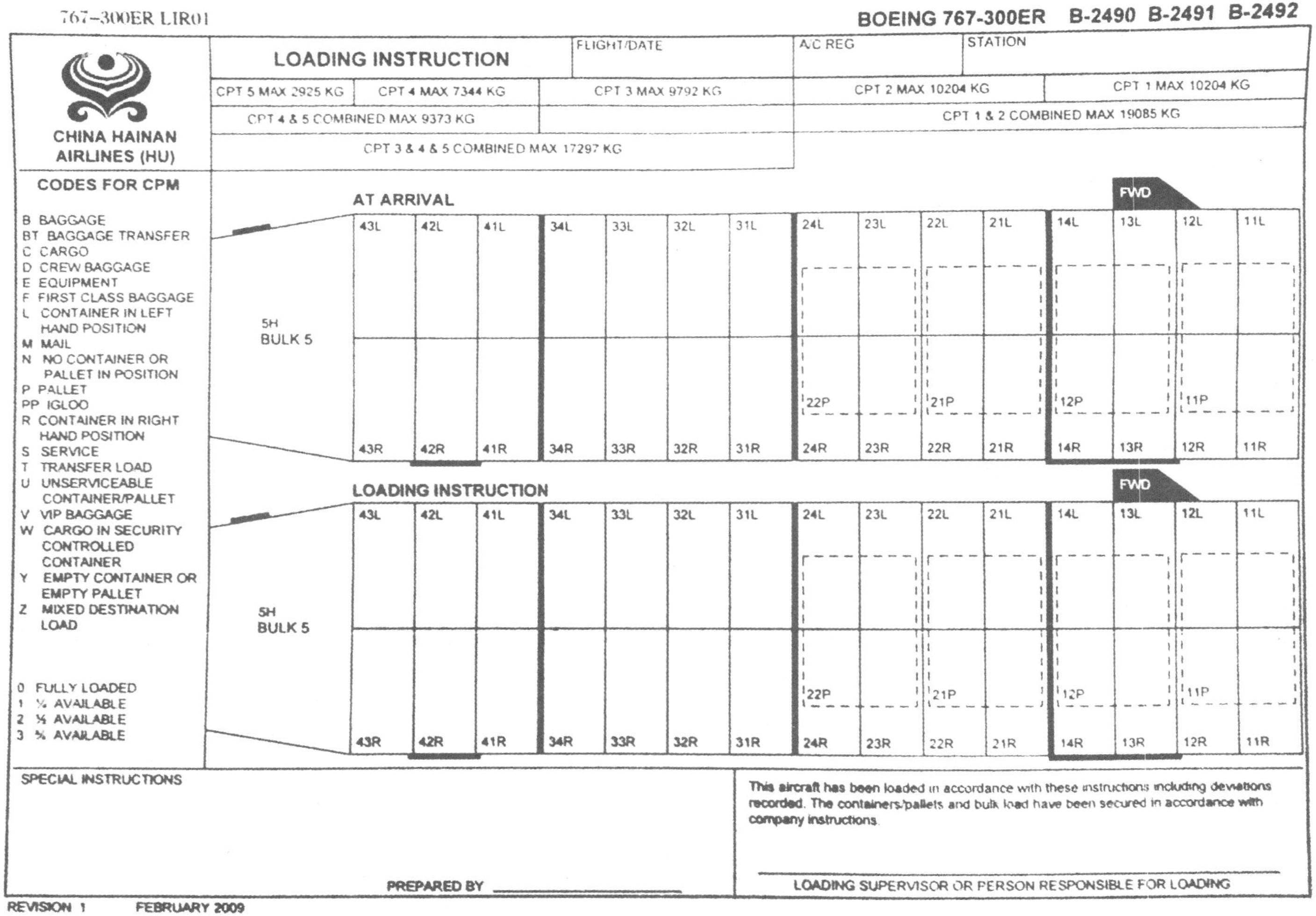

767-300ER LIR01

BOEING 767-300ER B-2490 B-2491 B-2492

CHINA HAINAN AIRLINES (HU)

LOADING INSTRUCTION | FLIGHT/DATE | A/C REG | STATION

CPT 5 MAX 2925 KG | CPT 4 MAX 7344 KG | CPT 3 MAX 9792 KG | CPT 2 MAX 10204 KG | CPT 1 MAX 10204 KG

CPT 4 & 5 COMBINED MAX 9373 KG | CPT 1 & 2 COMBINED MAX 19085 KG

CPT 3 & 4 & 5 COMBINED MAX 17297 KG

CODES FOR CPM

B BAGGAGE
BT BAGGAGE TRANSFER
C CARGO
D CREW BAGGAGE
E EQUIPMENT
F FIRST CLASS BAGGAGE
L CONTAINER IN LEFT HAND POSITION
M MAIL
N NO CONTAINER OR PALLET IN POSITION
P PALLET
PP IGLOO
R CONTAINER IN RIGHT HAND POSITION
S SERVICE
T TRANSFER LOAD
U UNSERVICEABLE CONTAINER/PALLET
V VIP BAGGAGE
W CARGO IN SECURITY CONTROLLED CONTAINER
Y EMPTY CONTAINER OR EMPTY PALLET
Z MIXED DESTINATION LOAD

0 FULLY LOADED
1 ¼ AVAILABLE
2 ½ AVAILABLE
3 ¾ AVAILABLE

AT ARRIVAL

5H BULK 5

43L 42L 41L | 34L 33L 32L 31L | 24L 23L 22L 21L | 14L 13L 12L 11L

22P 21P 12P 11P

43R 42R 41R | 34R 33R 32R 31R | 24R 23R 22R 21R | 14R 13R 12R 11R

FWD

LOADING INSTRUCTION

5H BULK 5

43L 42L 41L | 34L 33L 32L 31L | 24L 23L 22L 21L | 14L 13L 12L 11L

22P 21P 12P 11P

43R 42R 41R | 34R 33R 32R 31R | 24R 23R 22R 21R | 14R 13R 12R 11R

FWD

SPECIAL INSTRUCTIONS

PREPARED BY ____________

This aircraft has been loaded in accordance with these instructions including deviations recorded. The containers/pallets and bulk load have been secured in accordance with company instructions.

LOADING SUPERVISOR OR PERSON RESPONSIBLE FOR LOADING

REVISION 1 FEBRUARY 2009

图 7-22 装机单样式

L　1534 × 3175

Q　1534 × 2438

M　2438 × 3175

第三个字母：集装器顶部外形可适用的机型代号。

表 7-3 集装板的代号识别

IATA 代码	底板尺寸/毫米	自重/千克	最大毛重/千克	适用机型
P1P	2235 × 3175	120～126	6804	通用
P6P PMC	2438 × 3175	131～135	6804	通用
PLA PLB	1534 × 3175	80～97	3174	B767 禁用
P7E	2438 × 6058	540～665	13 608	B747Combi
FQA	1534 × 2438	100	2449	B767 专用
FQW	1534 × 2438	118	2449	B767 专用
PMW	2438 × 3175	175	6804	B767 禁用

3．注意事项

（1）掌握舱位各区域的最大载量限制和联合载量限制。

（2）准确理解装机单标识，掌握箱板混装时舱位的安排限制。

（3）填写规范，严禁随意涂改。

本章小结

飞机的载重平衡工作非常重要，涉及飞行安全，配载人员必须掌握相关知识。本章主要介绍飞机的结构及平衡，飞机重心的表示及计算，利用载重平衡图表进行重心的配算。要求学生了解飞机的结构及飞机平衡性和稳定性的影响因素，掌握计算飞机重心的几种方法，掌握如 B737、B767、A320、A330 等常用机型载重平衡图表的使用方法，会使用这些载重平衡图表进行重心的配算及调整。

自我检测与实训

一、简答题

1．影响飞机俯仰平衡的因素有哪些？

2．影响飞机横向稳定性的因素有哪些？

3．飞机重心的计算方法有哪些？

二、实训题

1．根据图 7-23 所示计算飞机的重心。

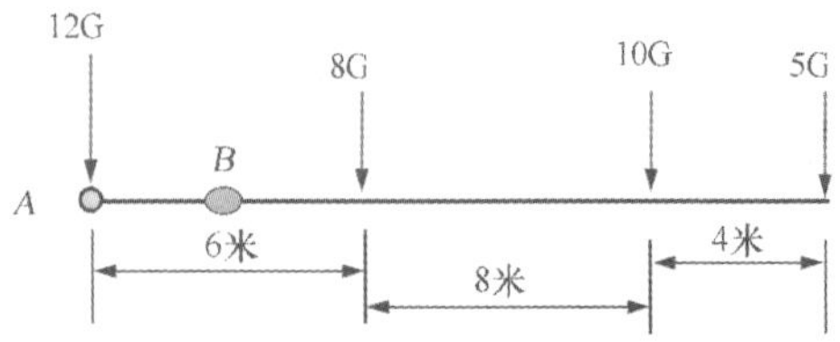

图 7-23　实训题 1 图

注：B 作为基准点，距离 A 点 3 米处（基准点位置也可以任意定）。

2. HU7001 航班，机型 B737-800，机号 B-5679，航程：三亚—北京，标准机组 3/5；飞机基本重量 41 360 千克，基本重量指数为 47.5，起飞油量 13 890 千克，航段耗油量 9880 千克。

航班结载情况如下。旅客情况：F5（03.01.01）Y134（129.03.02），行李：87/1530 千克，货物：300/4230 千克，邮件 15/150 千克。

（1）根据以上内容编制载重表（参见插图 1）。

（2）根据以上内容绘制平衡图（参见插图 1）。

3. CA1508 航班，机型 A320，机号 B-7798，航程：广州—郑州，标准机组 2/5；飞机基本重量 43 670 千克，基本重量指数为 53.0，起飞油量 13 570 千克，航段耗油量 7790 千克。

航班结载情况如下。旅客情况：Y150（147.03.0），行李：206/1983 千克，货物：110/3230 千克，邮件 15/250 千克。

（1）根据以上内容编制载重表（参见插图 3）。

（2）根据以上内容绘制平衡图（参见插图 3）。

第八章 常用业务电报

在民航各部门的日常工作中，信息具有非常重要的作用。保证航班的安全正常运行，提高航空运输的效益和服务质量等，离不开各部门之间、各航站之间的信息交流，而信息交流绝大部分是通过拍发业务电报的方式实现的。业务电报在民航企业的生产活动中起着至关重要的作用。业务电报拍发的质量直接影响航班运行安全、承运人的经济利益和社会利益，因此有关工作人员应该掌握业务电报的相关知识。

国际民航协会对民航业务电报的拍发格式及内容进行了统一规范，以便航空公司编制、拍发及收译业务电报。业务电报的种类很多，本章侧重介绍与民航运输地面服务工作密切相关的一些类型。

常用业务电报的类型如下。

LDM: LOADMESSAGE（载重电报）。

TPM: TELETYPE PASSENGER MANIFEST（旅客名单报）。

PTM: PASSENGER TRANSFER MESSAGE（旅客转机报）。

PSM: PASSENGER SERVICE MESSAGE（旅客服务报）。

CREWLIST: 机组名单报。

CPM: CONTAINNER/PALLET DISTRIBUTION MESSAGE（板箱分布报）。

SOM: SEATS OCCUPIED MESSAGE（座位占用报）。

第一节 业务电报的组成与规定

一、业务电报的组成

（一）报头

报头主要包括启动信号、电报开始信号、电路识别码、电报流水号、补充资料、间隔信号等。

（二）收电地址

1. 电报等级代号

发电单位必须在收电单位地址前填写一个适当的等级代号。业务电报分为以下5个等级。

（1）1级报，为遇险报，代号SS、QS、QC等。

（2）2级报，为特急报，代号DD。

（3）3级报，为加急报，代号FF。

（4）4级报，为急报，代号QU、QS。

（5）5级报，为快报，代号为Q*（* 指除了S、U、D外的其他任何字母）。

（6）6级报，为平报，代号QD。

拍发业务电报要使用国际航空电信协会（Society International De Telecommunication Aero-nautiques, SITA）线路，业务电报级别越高，优先拍发权就越大，费用就越高，因此应根据实际情况，选择适当的电报等级。

2. 收电地址

收电地址由7个字符组成。

（1）收电地址的前3位为收电单位所在城市或机场三字代码。当某一城市和它的机场有不同的三字代码时，如果发往其中一处，则必须使用相应的代码。国内部分城市三字代码如表8-1所示。

表8-1　国内部分城市三字代码

代码	城市	代码	城市	代码	城市	代码	城市
AKU	阿克苏	NKG	南京	ENY	延安	WEF	潍坊
CAN	广州	PZI	攀枝花	HEK	黑河	WUS	武夷山
CIF	赤峰	SHP	秦皇岛	HLD	海拉尔	XMN	厦门
CTU	成都	SYX	三亚	HSN	舟山	YIN	伊宁
DLU	大理	TSN	天津	JHG	景洪	ZHA	湛江
ENH	恩施	UYN	榆林	JNG	济宁	BHY	北海
HAK	海口	WUH	武汉	KHN	南昌	CGQ	长春
HGH	杭州	XIY	西安咸阳	KWL	桂林	CKG	重庆
HYN	黄岩	YIH	宜昌	LYA	洛阳	DDG	丹东
JGN	嘉峪关	YNT	烟台	MDG	牡丹江	DYG	张家界
JMU	佳木斯	BAV	包头	NNG	南宁	FOC	福州
KHG	喀什	CGO	郑州	SHA	上海虹桥	HET	呼和浩特
KWE	贵阳	PVG	上海浦东	SIA	西安	HRB	哈尔滨
LXA	拉萨	DOY	东营	SZX	深圳	INC	银川
LJG	丽江	DNH	敦煌	TXN	黄山	JIL	吉林
JZH	九寨沟	WEH	威海	GOQ	格尔木	PEK	北京
KMG	昆明	XFN	襄阳	HFE	合肥	SHF	山海关

续表

代码	城市	代码	城市	代码	城市	代码	城市
LHW	兰州	XNN	西宁	HTN	和田	SWA	汕头
LYG	连云港	YIW	义乌	JDZ	景德镇	TNA	济南
NDG	齐齐哈尔	ZUH	珠海	JJN	泉州晋江	URC	乌鲁木齐
NTG	南通	BJS	北京	KCA	库车	WNZ	温州
SHE	沈阳	CHW	酒泉	KRL	库尔勒	XIC	西昌
SJW	石家庄	CSX	长沙	LUM	德宏芒市	XUZ	徐州
TAO	青岛	DLC	大连	LYI	临沂	YNJ	延吉
TYN	太原	DIG	迪庆香格里拉	NGB	宁波		

（2）收电单位部门代号。收电地址的第 4 位、第 5 位是收电单位部门代号。国际航空电信协会规定了各部门的二字代码，详见表 8-2。

表 8-2　航空公司部门二字代码

代码	部门全称	代码	部门全称
AP	国际值机，驻外办事处机场办公室	LN	机场国内行李查询
DD	公司驻外办事处	MR	驻外办事处机务负责人
FC	国际货运载量控制	OW	驻外办事处航务负责人
FD	机场国内货运部门	RC	国际航班座位控制
FF	货运部门，驻外办事处货运负责人	RD	国内航班座位控制
FI	机场国际货运部门	RG	团体订座
FS	市区国际货运	RM	自动化订座中心
FT	市内国际货运	RP	预付票款通知
HC	航空食品部门	RR	市区售票处、驻外办事处订座室
HH	配餐部门	RT	运价计算
KD	机场国内旅客服务	RZ	售票处座位总控制室
KI	机场国际旅客服务	TX	销售业务代理（旅行社）
KL	机场国际配载	TZ	国内值机
KM	离港自动控制中心	UA	财务处
KN	机场国内配载	UB	经营管理处、质量计量处
KP	国内乘机手续及机场中转售票	UC	宣传广告公司
KU	集装设备控制中心与管理部门	UD	航务部（处）
LD	机场国内货运查询	UF	市场销售部、航班计划部
LI	机场国际货运查询	UG	通用航空部门
LL	机场国际行李查询	UH	运营处、商务处
UI	航行情报室	UR	外事部门、国际关系处
UJ	设备管理处	US	客舱服务部门、机上供应品处

续表

代码	部门全称	代码	部门全称
UK	总师室（飞行、工程、经济、会计）	UT	生产调度室
UL	飞机维修公司、机务中心	UV	飞行安全技术处
UM	飞机维修工程部、机务处	UW	计划处
UN	飞行大队	UX	公司中心电台
UO	签派室	UY	电信处、通信主管
UP	客运处	UZ	公司总经理
UQ	货运处		

（3）航空公司二字代码。收电地址的第 6 位、第 7 位是航空公司二字代码。

（三）发电地址

（1）发电地址前应加一个黑点，为发电地址的开始信号，也表示收电地址的结束。

（2）发电单位地址的组成与收电地址的组成方式相同。

（3）发电部门必须填写发电地址和日时组。日时组由 6 位数字组成，前两位为发电日期，后面四位为时间。例如，071630 表示 7 日 16 时 30 分。拍发国际电报应使用国际协调时间，国内电报使用北京时间。

除此之外，业务电报还包括电文部分、通信管理资料、报尾。

二、电报常用简语

电报常用简语如表 8-3 所示。

表 8-3　电报常用简语

简语	释义	简语	释义
A/C	AIRCRAFTS（飞机）	ACPT	ACCEPT（接收）
ABT	ABOUT（大约）	ADC	ADDITIONAL CHARGES（附加收费）
ABV	ABOVE（上述）	ADD	ADDRESS（增加）
ACC	ACCORDING（按照……）	ACDGLY	ACCORDINGLY（依照；于是）
ACCOM	ACCOMMODATION（临时住宿）	ADNO	ADVISE IF NOT OK（不同意请回电）
ACDG	ACCORDING（根据）	ADOA	ADVISE ON ARRIVAL（到货通知）
ACK	ACKNOWLEDGE MENT（承认；通知收到）	ADOK	ADVISE IF OK（同意请回电）
ADV	ADVISE（告知）	BTWN	BETWEEN（……之间）
AFT	AFTER（在……之后）	CBBG	CABIN BAGGAGE（客舱或座位上放置行李）

续表

简语	释义	简语	释义
AGT	AGENT（代理人）	CERT	CERTIFY（证书）
AMT	AMOUNT（总计）	CFM	CONFIRM（证实）
ANS	ANSWER（回复）	CGO	CARGO（货物）
AOG	AIRCRAFTS ON GROUND（待修零备件）	CHG	CHANGE（修正电报）
APPV	APPROVE（批准）	CHK	CHECK（核查）
APPR	APPRECIATE（出现）	CHD	CHILD（儿童旅客）
APT	AIRPORT（机场）	CHRG	CHARGE（收费）
ARRNG	ARRANGEMENT（安排）	CHTR	CHARTER（包机）
ARR	ARRIVE（已到达）	CIP	COMMERCIALLY IMPORTANT PASSENGER（重要商务旅客）
ASAP	AS SOON AS POSSIBLE（尽可能快）	CL	CLASS（班组）
ASST	ASSIST（帮助）	CLM	CLAIM（认领；索取）
ATA	ACTUAL TIME OF ARRIVAL（实际到场时间）	CN	CONTENTS（统称；代码）
ATD	ACTUAL TIME OF DEPARTURE（实际离场时间）	CNTR	CONTAINER（货柜）
ATTN	ATTENTION（注意）	CNL	CANCEL（取消）
AUTH	AUTHORISE（正式的）	COLL	COLLECT（收取；收集）
AVBL	AVAILABLE（可利用的）	CPY	COPY（副本）
AVI	LIVE ANIMAL（活体动物）	CTC	CONTACT（联系）
AWB	AIR WAYBILL（运单）	CTSY	COURTESY（免费服务）
BKD	BOOKED（已订位）	DAPO	DO ALL POSSIBLE（尽一切可能）
BLND	BLIND PASSENGER（目盲旅客）	DB	DENIED BOARDING（无法登机）
BRDG	BOARDING（登机）	DEAF	DEAF PASSENGER（耳聋旅客）
BSCT	BASSINET CARRYCOT BABY BASKET（娃娃车；摇篮）		

第二节 常用业务电报的拍发

一、载重电报

（一）载重电报的作用

拍发载重电报是为了让航班沿线各航站预先得知该航班的实际业载情况，以便做好以下工作：①各航站了解到达本站的业载情况，做好接机准备工作；②经停站了解本站的过站业载情况，以准确计算本站实际可用业载，并进行载重平衡工作。

（二）拍发载重电报的规定

（1）载重电报在飞机起飞后 10 分钟内拍发。

（2）载重电报应根据载重表上最后结算的数字编制，必须和实际载重情况完全相符，因此电报编写好后应认真核对，防止出错。

（3）飞机如果载有特别重要、紧急的物品或有重要的事项通知前方航站，可以在电文中用规定的代码或文字（表 8-4）作简要说明。

表 8-4　载重电报上须注明的货物代码及其含义

代码	含义	代码	含义
AOG	紧急航空器材	MED	急救用药品、医疗用品
AVI	动物	NPM	纸型
BIG	超大货物	RART	限制运输物品、危险品
FRZ	冷冻货物	PRW	一级放射性物品
HEA	超重货物	RRY	二、三级放射性物品
HEG	孵蛋	URG	紧急货物
HUM	尸体	VAL	贵重物品
ICE	放有干冻货物		

（4）载重电报的识别代码为 LDM。

（三）载重电报的内容和格式

例如，某载重电报格式如图 8-1 所示，其讲解如表 8-5 所示。

1. QU SHATZMU CANTZMU CANFDCZ
2. • PEKTZCA 121230
3. LDM
4. CA1309/12.B2508. F8Y104（或者 8/104 飞机型号或者）.3/4
5. —SHA.5/2/0.T63.1/36.4/27.PAX/1/6
   —CAN.71/0/1.T1005.1/345.4/660.PAX/5/64.PAD/0/2
6. SI
7. BW 15 309kg　BI 29.5
8. SHA FRE 36 POS 0 BAG 27 TRA 0 BAGP 3
   CAN FRE 345 POS 60 BAG 600 TRA 0 BAGP 47
   CAN MED 1/3 H1

图 8-1　某载重电报格式

表 8-5　对图 8-1 内容的讲解

序号	含义	序号	含义
1	收电地址	5	业载分布
2	发电地址和日时组	6	附加信息 SI
3	电报识别代码	7	基本重量和基本重量指数
4	基本信息	8	其他

二、重要旅客电报

（一）重要旅客的范围

（1）省、部级以上的负责人。
（2）党和国家领导人、政府首脑、联合国秘书长。
（3）军队在职正军职以上的负责人。
（4）公使、大使级外交使节。
（5）由各部委以上单位或驻外使馆、领事馆提出要求按照重要旅客接待的客人。

（二）重要旅客电报的作用

告知前方各站有关部门，做好接待工作，保证重要旅客的服务工作，确保其旅行顺利。

（三）重要旅客电报识别代码

重要旅客电报的电报识别代码为 VVIP（very very important passenger）。

（四）重要旅客电报范例

重要旅客电报范例如图 8-2 所示。

```
QU SHAKLMU SFODDCA SFOKKCA NYCKDUA
●PEKAPCA 101636
VVIP
CA981/AP04 B2446
LI PENG/MR PREMIER N HIS COMPANIES TTL 5 PERSONS
   SEATS NUMBER 2ABC 3AB
   DEST NYC
BAG 5/100 IN HOLD5
CTN S/N AVE0453CA
SI ALL VIP'S BAG LABBLED WITH RED BAND
PLS ADV ALL CONCERNED STP
```

图 8-2　重要旅客电报范例

三、特殊服务电报

（一）特殊服务电报的作用

向航班沿航线有关航站通告需要提供特殊服务的信息，以便有关航站做好准备，及时为下列旅客提供服务：病残旅客、无成人陪伴儿童、重要旅客等。

（二）特殊服务电报的电报识别代码

特殊服务电报的电报识别代码为 PSM（passenger service message）。

（三）特殊服务电报的范例

特殊服务电报的范例如图 8-3 所示。

```
QU PEKKNCA  PEKKPCA  PEKTZCA
●HAKKNCR 050723
PSM
HU7313/23JUL  B2158  HAK-PEK
LI/MING  UM8  5C
ZHANG/WEI WCHR 6C
WANG/LEI STCR 27C
SI  PAX  ZHANG/WEI WCH NEED  TO  CLAIM  ASAP ARL
```

图 8-3　特殊服务电报范例

四、行李电报

（一）常见行李电报的类型

常见行李电报的类型有少收行李电报（AHL）、多收行李电报（OHD）和行李破损电报（DPR）。

（二）行李电报的内容

（1）收电地址：QD PEKLLHU PEKLLJD SHALNHU SHALNJD。

（2）发电地址：●SYXLLHU 050845（时间四位数，24 小时制）。

（3）电报识别代码：AHL。

（4）行李查询编号：FR SYXHU11012。

（5）旅客姓名：NM ZHAO/XIAOXIAO。

（6）旅客姓名缩写：IT ZXX（此项可以不填）。

（7）行李牌号码：TN HU123XXX。

（8）行李外包装特征：TC BK23HWX。

（9）航程：RT PEK/SHA/SYX。

（10）航班号和日期：FD HU7860/JD5565/05NOV（月份可以不填）。

（11）行李商标：BI UNK 或者 NIL（不知道情况下）。

（12）行李内物：CN NIKON CAMERA/IPAD4。

（13）行李运送指示：

FI PLS CHK N FWD SYXLNHU TAG/DEST（T/D）SYX L/S PEK TKS NNNN。

本章小结

民航运输过程中民航各航站及各部门之间要进行信息交流，而信息交流主要是通过拍发电报的方式实现的。本章主要讲解民航运输过程中常用电报的组成及拍发的格式，重点讲解载重电报、重要旅客电报、特殊服务电报、行李电报等，要求学生了解和掌握业务电报的内容及拍发的方式。

自我检测与实训

实训题

1．解释说明图 8-4 所示的电报内容。

```
QU CANTZCZ
SHATZCZ 17MAY
LDM
CZ3117/17.B2555.757-21B（8/155）.4/5
—PEK.134/01/0.T4777.1/565.2/1656.3/1670.4/999.PAX/3/132.PAD/0/0
SI
DOW 58424  DOI  47.10
```

图 8-4　电报

2．根据以下内容写出载重电报。

2014 年 12 月 9 日，CA1209 航班（PEK—SHA—CAN—SYX），飞机号为 B-2509，机组 3/4，座位布局 F8Y156，到达 SHA 的业载情况为：5.2.0（1/6）人，行李 3/27 在 4 号舱；无邮件，货物 2/36 在 1 号舱。到达 CAN 的业载情况：69.2.1（5/66，其中拉下旅客 0/2 人）人，行李 47/600 在 4 号舱，邮件 4/60 在 4 号舱，货物 22/345 在 1 号舱。飞机基本重量为 15 309 千克，B I 29.5。

第九章 计算机离港控制系统

一、计算机离港控制系统简介

（一）系统介绍（软件）

计算机离港控制系统（departure control system，DCS）（以下简称离港系统）是中国民航部门从美国 UNISYS 公司的航空公司引进的旅客服务大型系统，分为 3 个子系统，分别是旅客值机控制（CHECK-IN，CKI）子系统、配载平衡（LOAD PLANNING，LDP）子系统、航班数据控制（FLIGHT DATA CONTRL，FDC）子系统。

CKI 子系统与 LDP 子系统既可以单独使用，也可以同时使用。它们在使用过程中由 FDC 子系统进行控制。CKI 子系统是一套自动控制和记录旅客登机活动过程的系统。该系统记录旅客所乘坐的航班、航程、座位真实情况，记录附加旅客数据（如行李重量、中转航站等），记录接收旅客情况或将旅客列为候补情况。该系统可以顺序接收旅客、候补旅客，也可以选择接收；旅客也可以一次办理多个航班的登机手续。LDP 子系统主要有航班配载平衡、打印舱单等功能。FDC 子系统具有航班数据控制功能。

（二）操作终端与主机的连接（硬件）

操作终端与主机的连接方式：离港系统主机—通信设备（路由器、数据收集平台）—终端（仿真终端）。

例如，离港系统的主机在北京，各地机场用户使用的终端通过通信设备与主机联系。用户在终端上所作指令都要传到主机进行处理，然后将反馈信息传回用户终端。

（三）系统使用基础知识

输入格式：SOE＋指令＋输入。

离港系统的优点：①数据准确，精度高；②操作方便；③能保证旅客利益。

二、基本系统指令

（一）连接系统指令（$$OPEN TIP）

指令功能：连接系统服务器。
指令格式：

```
>$$OPEN TIPJ        连接生产系统
>$$OPEN TIPT2       连接教学测试系统
```

示例：

```
SESSION PATH OPEN TO TIPT2
```

（二）工作区操作（DA/SI/ SO/AO/ AI）

1. DA 指令

指令功能：工作区显示。
指令格式：

```
DA
```

示例：

```
>DA
A        994      03JAN    0901     9        PEK001
B*       994      03JAN    0901     81       HGH001
C        994      03JAN    0901     101      SHE001
D        AVAIL
E        AVAIL
PID=1111    HARDCOPY=1112   BPP=1113     BTP=1114
TIME=0902      DATE=03JAN      HOST=LUCK
AIRLINE=3Q      SYSTEM=CAAC      APPLICATION=2
```

具体解释：
A——工作区；
994——工号；
03JAN 0901——进入工作区时间；
PID——终端号，一个终端有一个唯一的 PID 号；
BPP——登机牌打印机；
BTP——行李牌打印机；
*——当前使用的工作区；
PEK001——部门号（OFFICE 号）。

部门号具体如下:

001——建航班;

002——控制室;

003——配载;

004——值机。

2．SI指令

指令功能：登录工作区。

指令格式:

>SI：工号/密码/工号级别/部门号

示例：

>SI:5445/12345A/81/HAK999

工号级别如表 9-1 所示。

表 9-1　工号级别

控制室	81（最高级别）	82（普通控制）	96（建立航班，T-CARD）
值机	91（普通值机员）	86（值班主任，可以改名字）	
配载	102（普通）	101（控制）	
其他	82（可执行 CKI、LDP 指令）	97（可执行 FU、FDC 指令）	

3．SO指令

指令功能：退出工作区。

指令格式:

>SO

输出页面:

SIGN OUT　工作区号

4．AO指令

指令功能：暂时中断使用工作区，但不退号，方便切换使用控制、值机的工作员。

指令格式:

>AO

输出页面:

ACCEPTED

5. AI指令

指令功能：恢复进入指定工作区。
指令格式：
>AI：工作区 / 工号 / 密码
示例：
>AI:B/5445/12345A

（三）页控制

页控制（PG/PF/PN/PB/PL）如表 9-2 所示。

表 9-2 页控制

半屏显示（12 行）	PG	PF	PN	PB	PL
全屏显示（24 行）	PG1	PF1	PN1	PB1	PL1
功能说明	本页	首页	后页	前页	最后一页

（四）查询指令（CD/CNTD/CO/TIME/HELP）

1）CD 指令
指令功能：根据三字代码查城市名。
示例：
>CD:PEK
2）CNTD 指令
指令功能：根据城市名查三字代码。
示例：
>CNTD:T/SHANGHAI
3）CO 指令
指令功能：四则计算、换算功能。
示例：
>CO:M/100　公里换算英里
>CO:K/100　英里换算公里
4）TIME 指令
指令功能：显示时间，时差。
示例：
>TIME:SFO　显示当地时间及 GMT
>TIME:PEKSFO　显示时差

5）HELP 指令

指令功能查看帮助信息。

示例:

```
>HELP:IF
```

三、工作流程及相关指令

1. 建立编目航班信息

相关指令:

BF:T　指令建立航班（T-CARD）

2. 准备需要办理手续的值机航班

（1）初始化航班（向订座系统申请旅客名单报）。相关指令:

IF

（2）对航班座位进行控制。相关指令:

BS　RS　AL　SU　BT　RA　JCS

3. 对正在办理值机的航班进行监控

监控值机航班状态，保证值机手续的正常办理。相关指令:

GS　HL　ID　SL　PO　EF　AK

4. 柜台办理旅客值机手续

值机员通过离港系统办理旅客值机手续。相关指令:

PD　PR　RL　RN　FB　FSN　PA　PU　PW　BC　BAG　JC　AL　SB

5. CKI关闭航班

柜台做初始关闭（CI 关闭），控制室做中间关闭（CCL 关闭）。

6. 配载结载，打印舱单，发送配载报文

配载员在航班中间关闭后，对航班进行配载平衡，打印舱单。

7. 对航班做最后关闭，发送CKI报文

当航班起飞后控制员对航班做最后关闭，系统自动向相关航站发报。

四、建立航班

（一）基础指令（EX/CND/SEI/SEM/CG）

1. EX指令

指令功能：查看某航空公司所有机型及座位图。

指令格式：

>EX：航空公司代码

示例 1:

>EX:CA

根据航空公司订座系统的座位数找到相关机型：

>EX:737/3J6A　737/200　TYPE/VERSION 机型 / 版本，需完整机型。

示例 2:

特殊情况：340/300H　F12C30Y259、340/300L　F12C30Y259。布局数相同但实际布局可能不一样。

工号级别：81/82。

2. CND 指令

指令功能：显示每一种机型的舱位数据、布局表号。

指令格式：

>CND:CA/A　显示所有布局表

>CND:CA/A/737　显示所有 737 布局表号

>CND:CA/A/737/300　显示 737-300 布局表号

>CND:CA/FAVAIL　显示第一张可用的空布局表号

>CND:CA/A/737/3J6A　根据机型找到 CND 表号，用于建立航班

工号级别：81/82。

3. SEI指令

指令功能：根据 EX 输出序号显示座位源图。

示例：

>SEI:4

4. SEM指令

指令功能：根据机型显示座位源图。

示例：

>SEM:CA/737/300

5. CG指令

指令功能：显示航空公司各等级舱位及其子舱定义 。

示例：

>CG:CA

（二）BF 指令

1. 指令功能

BF 指令的功能为显示/建立/修改季节性航班的数据信息 T-CARD 表（航班数据在系统中一个形式）。

工作号级别必须为 96 级。

在 FDC 子系统中，航班由 T1-CARD 和 T2-CARD 构成。

T1-CARD 描述航班的一般特性，如航班类型、布局等，对每一个航班至少有一个 T1 行，当此航班的航段中有飞机布局变化时就需要多个 T1 行。

T2-CARD 描述航班航程上每一城市的到达、起飞及登机时间等信息。

显示航班数据时，系统将进行显示锁定，所以一定要取消，才能执行退出系统指令（SO）。

建立/修改的航班数据信息并不直接生效，而是暂时放在过渡区中，由 BP:R 指令生效后才可以使用。

注意：建立航班时一定不要将国际和国内航班混淆。

2. 指令格式

（1）BF:T/FLT/DATE　显示/修改已生成的航班记录。例如：

>BF:T/CA101　显示今日 101 航班的 T-CARD

（2）BF:T/FLT/T1 LINES/START DATE/END DATE/FREQUENT　建立一新航班。例如：

BF:T/ 航班号/T1 行数/起始日期/终止日期/班期

其中：

T1 LINES，一般取 1。

FREQUENT，13 表示每周周一、周三有；X5 表示每周除周五，其他日子有；D 表示每天都有。最大 4 个字符。

例如：

>BF:T/CA101/1/./25OCT/X2　建立 CA101 航班，1 行 T1-CARD，有效期是从今日到 25OCT，班期是每周除周二外都有。

（3）BF:T/FLT/IG　取消过渡区中的某一航班。例如：

>BF:T/CA101/IG　取消过渡区中的 101 航班

（4）BF:T/IG 取消航班的显示锁定。例如：

```
>BF:T/CA1511/1/16NOV00/17NOV00/D
```

3. 示例

```
>BF:T/CA1511/1/16NOV00/17NOV00/D
T1ALG EQT N T APPL INT VERS CONFIGURATION
T1
T2ALG APT ARR DC DEP DC BRD DC
T2
T2
```

对 T1-CARD 和 T2-CARD 的解释如表 9-3 所示。

表 9-3 相关解释

T1	EQT（机型）	N（夜航）	T（国际/国内）	APPL（应用在什么模块）	VERS（版本）	CONF（CND 表号）
T2	APT（航站）	ARR（到达时间）		DC［日期变更］	DEP（离港时间）	BRD（登机时间）

4. 输入格式

```
>BF:T/CA1511/1/16NOV01/17NOV01/D
T1ALG EQT N T APPL INT VERS CONFIGURATION
T1    737   D DL         300  116
T2ALG APT ARR DC DEP DC BRD DC
T2 1  PEK           1530
T2 2  KHN 1740
\
```

注：至少要输入斜体字显示的内容。

EQT 和 VERS 可不输入，系统根据 CND 表号写入。显示：EQUIPMENT DOES NOT MATCH TABLE DEFINITION，即机型和 CND 表号不一致。

T D 表示国内航班；I 表示国际航班（国际航班此处空，系统根据到达站判断）

APPL 和 DL 值机、配载都使用

BRD 不填，系统自动加入提前半小时

\ 把数据放在过渡区，如果放弃当前修改或还原数据将 \ 改成 IG，不做修改退出。

多航段示例：

```
T2    PEK          1530
T2    KHN 1740     1900
T2    CAN 2000
```

练习的航班号要找一个与实际航班号不同的。如果测试系统 BF:T 显示 AUTHORITY 可能

R1 表未加入。

（三）查看过渡区航班（SFL）

指令功能：显示过渡区中的航班，即仅执行了 BF 建立/修改，还没有执行 BP 生效的航班。工作号级别必须为 96 级。

示例：

>SFL:CA　查看过渡区中所有 CA（中国国际航空公司）的航班

（四）生效过渡区中的航班（BP）

指令功能：生效过渡区中的航班，工号级别必须为 96 级。

指令格式：

>BP:R/ACT　生效过渡区中的所有航班

>BP:R/ACT/CA1511　生效过渡区中的指定航班

系统完成后，会给终端发信息，使用 MW: 查看“FLIGHT LOAD COMPLETE”。

（五）查看生效航班（AFL）

指令功能：显示已经生效的航班，即执行了 BF 建立/修改，也执行了 BP 生效的航班。只有生效航班，值机才可以使用。

示例：

>AFL:CA　显示 CA 所有生效航班

>AFL:CA1511　显示某一航班的有效时间与周期

输出示例的内容可以选择某一行，直接调整光标到两个日期的中间空白位置，确认输入，即可进行 BF 指令的修改工作。

（六）删除航班（T-CARD）

首先要将 T-CARD 提取出来，然后删除，最后生效。

删除 CA1511 航班步骤如下。

（1）输入指令。示例：

>AFL:CA1511

（2）在显示信息 >BF:T/CA1511/17NOV00/17NOV00/D 后输入、修改。

示例：

```
>BF:T/CA1511/1/17NOV00/17NOV00/D
T1ALG EQT N T APPL INT VERS CONFIGURATION
T1X   737     D DL        3J6W 116
T2ALG APT ARR DC DEP DC BRD DC
T2 1  PEK          1530
```

T2 2 KHN 1740\

(3) 指令 >BP: R/ACT/CA1511 生效。

做错航班的处理方法：建议先删除，再重新建立。

(七) 航班建立流程

航班建立流程如图 9-1 所示。

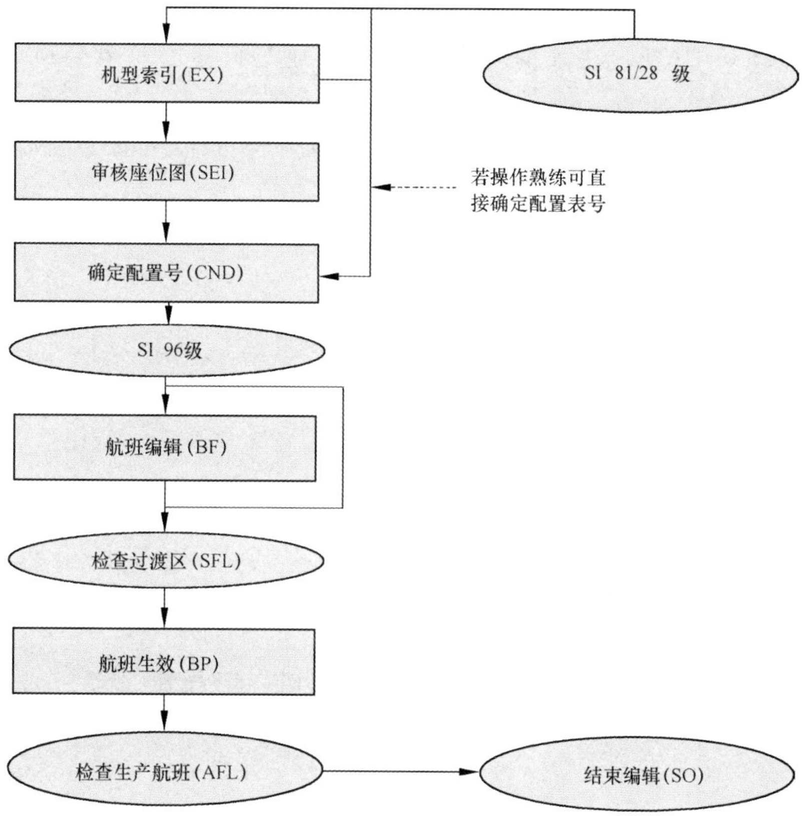

图 9-1 航班建立流程

(八) 查看及修改航班信息

1. 查看航班信息 (FI)

指令功能：显示指定日期的航班信息，尤其注意飞机的布局表号及飞机号，要与座位图匹配；经本指令显示的航班信息，有可能是在 FU、FDC 等指令中修改过的。

指令格式：

FI:FLT/DATE

示例：

>FI:CA985/19JAN01

FI:CA985/19JAN01

```
CA 985   19JAN01           --ACTIVE--     FLTTYP I   CONTROL PEK001
PEK                1410     01     T-101     747 4J6A      R:B2456
PVG      1610      1750                                    R:B2456
SFO      1155
```

其中:

ACTIVE：可利用航班。

MASTER：航班刚刚建好。可有 3 种方法将 MASTER 变成 ACTIVE。

（1）自动。系统经过夜维以后，会自动将 MASTER 的航班变为 ACTIVE。

（2）FDC:FLT/DATE。在表的下方 XMIT，再通过 FI 指令可看到 MASTER 变为 ACTIVE。

（3）FU:FLT/DATE/CITY/ARN/ARN NBR。通过加入飞机号，可直接将 MASTER 变为 ACTIVE。

FLTTYP：航班类型，I 表示国际，D 表示国内。

CONTROL：航班主控 OFFICE。

01：登机口。

T-101：CND 表号。

747 4J6A：完型机型。

R:B2456：飞机号。

2. 修改航班信息（FU）（单项修改）

指令功能：单项修改航班信息。

指令格式：

>FU:FLT/DATE/CITY/OPT/DATA　航班号 / 日期 / 起飞城市 / 选项

相关选项如表 9-4 所示。

表 9-4　选项释义

选项	含义	示例	示例解释
ETD	离港（起飞）时间	ETD/0830	实际起飞时间，最多不能提前 4 小时，推迟无限制
CTN	布局表号	CTN/300	先找出新的 CND 表号
ARN	飞机注册号	ARN/B2824	修改飞机注册号
GATE	登机口	GATE/3	在登机牌上打登机口，只能在 FU 中修改
BDT	登机时间	BDT/0810	实际登机时间，默认提前半小时，只能在 FU 中修改
ETA	到达时间	ETA/1900	修改到达时间，城市使用到达城市
RTNS	取消一切修改	RTNS	恢复到 T-CARD 原始状态
ERS	取消单项修改	GATE/ERS ARN/ERS	

示例：

>FU:CA1511/16NOV00/PEK/GATE/02 设置 CA1511 为 02 号登机口

3. 修改航班信息（FDC）（多项修改）

指令功能：以多行输入方式修改航班的各个相关项。

示例：

```
>FDU: CA1511 /16NOV
     ARR INFO  DEP INFO  INSERT  REASON  CTN
PEK  /         /         /       /       /T-99    R:B2906
KHN  /         /         /       /       /
     /         /         /       /       /
```

其中：

ARR INFO：到达时间。

DEP INFO：起飞时间。

CTN：CND 表号。

R：飞机号。

在修改 FDC 时，使用的是相对时间（与 T-CARD 定义的时间差），原 0800 现要修改 0830，0030L 晚 30 分钟，0010E 提前 10 分钟，LT/ET 后续航站时间顺沿取消修改 0000E/0000L 或 NONE。

4. 显示及修改编目航班信息（CSD/CSM）

指令功能：CSD 显示航班编目信息；CSM 显示修改航班编目信息。

指令格式：

>CSD/CSM:FLT/DATE/CITY

示例：

```
>CSM:CA1511/16NOV00
>CSU: 1 FL    CA1511/16NOV00      SPAN        DF YES
1 PEK  CTL-OFC 0            SD 1330 ED 1330 BDT 1300
        EQ 737/300 WTN 1  CWT 200000 CFG Y148
        TCKI TCI TYPE NAM SS    GO-SHOW Y999
        POS GATE GATES G2
        MSG PTM TPM PIL PSM COM SOM IFM PFS
2 KHN  CTL-OFC 0   SA1500
SEGMENT DATA
```

第 3 行 PEK 为始发站。CTL-OFC，0 代表国内；1 代表国际。决定以后发报用哪一张电报地址表，使用 CM:CA/PEK0 查看。SD 为预计起飞时间。ED 为实际起飞时间。BDT

为登机时间（T-CARD 数据）。

第 4 行　EQ 为机型。WTN 为重量表。（>CW: CA 1 查看）CWT 为总业载 200T（不是很有意义，可以修改）。CFG 为布局。

第 5 行　TCKI 为可转港/联程，一般用于控制不打印联程登机牌（表 9-5）。

表 9-5　TCKI

项目	TCI	NTC	FTC	TTC
可转港	✓	×	✓	×
联程	✓	×	×	✓

SHA$\underline{\text{CA001}}$HGH $\underline{\text{CA002}}$PEK　在 HGH 看，是转港旅客，从旅客名单报可以看出 INBOUND。

HGH $\underline{\text{CA003}}$SHA $\underline{\text{CA004}}$PEK　在 HGH 看，是联程旅客，从旅客名单报可以看出 OUTBOUND。

SHA$\underline{\text{CA001}}$HGH$\underline{\text{CA005}}$KWL$\underline{\text{CA006}}$PEK　在 HGH 看，既是转港旅客，也是联程旅客。

HGH$\underline{\text{CA007}}$SHA $\underline{\text{CA007}}$PEK　多航段。

TYPE 为办理航班方式，正常。NAM 为以姓名方式办理。NON 为手工办理航班。NUM 为用序号，暂不用。SS 为有座位选择，可以看到座位图，给旅客安排合适座位。NS 为无座位选择，即无座位号。GO-SHOW 为可以接收候补旅客的数量，分舱位。

第 6 行　POS GATE 为停机位靠近登机口。GATES 为从哪一个登机口登机。

第 7 行　MSG 为报文，航班关闭时，系统自动拍发报文。

第 8 行　KHN 为第二个航站。SA 为到达时间。

如果是多段航班，再 XMIT 一下，即可到第二页。

五、准备航班

（一）初始化航班（IF）

指令功能：向订座系统申请 PNL（旅客名单电报），为值机做准备。指令要求向 ICS 发送 RQL 报，向 ICS 发 PNL 报。最多提前 48 小时，建议提前半天作 IF，如果出现问题有时间处理。

指令格式：

>IF:FLT/DATE

>IF:航班号/日期

系统响应：CKI TIME XXXX

显示 FLT ALREADY INITIALIZE，说明航班已经作过初始化。

（二）查看旅客名单报（MB）

指令功能：旅客名单报状态显示。

指令格式:

```
>MB:PNL/FLT/DATE  查看旅客名单报是否接收完全
```

输出页面:

正确状态: HGH ALL PARTS RECEIVED

非正确状态: HGH PART1 PART2 旅客名单报长，系统分成几部分传输

HGH 旅客名单报出问题，检查机型航班

（三）航班状态显示（SY）

指令功能: 显示航班某登机地点及各经停站的值机情况、订座情况、航班布局等各种数据。

指令格式:

```
>SY:FLT/DATE/CITY,OPT
```

选项（OPT），可输入 Z（分区显示）、S（分舱位显示）。

示例:

```
SY: CA1321/19JAN01 PEK/1  CC0932/NAM
CWT200000 UWT184549 CAW027192 UAW011741 WTN1 kg NTC/BCL
767/2J6A/B2552     GTD/26   POS/GATE BN183 AK00000 CD00000
BDT0845   SD0915   ED0915   CI0853      CC0932       BD12762
CNF/C18Y196  CAP/C18Y193   AV/C3Y25
CAT/017/184
*PEKCAN R017/181      C015/168          B0113 /001716 UM002 I01
        SB000/000     B0000
        SA000/000                       EXST00/00  XCR00/00
        RET000/000                      CET000/000
        BPAX183                         BINF001
GS PEK/C001Y012
```

第 1 行 PEK 为始发站。1 为 CSM 中设置的 CTL-OFFC。CC0932 为航班状态，即最后关闭时间。其他情况: OP 为开放。CI0853 为柜台关闭时间。CCL0855 为中间关闭时间。EC 为航班处于 AEC 保护。OE AEC 为没有完全打开。PC 为航班被保护（不能接收旅客）。XX 为航班取消。NAM 与 CSM 中一样，NAM/NON/NUM 姓名/手工/序号。

第 2 行 CWT 为航班总业载。UWT 为仍可利用的 CWT。CAW 为值机可用业载，加行李会变化 UAW 为仍可利用的 CAW，接收旅客会变化。WTN 为重量表。kg 为重量单位。NTC 为不可转港/联程，详见 CSM。BCL 为关闭登机控制。

第 3 行 767/2J6A/B2552 为机型及飞机号。GTD 为登机口。POS/GATE 为停机/登机口。BN099 有时代表接收旅客数，如果有删除总数不变。AK00000 为值机人员工作号。CD00000 为接收航班专用信息 PID#。

第 4 行 BDT1500 为登机时间。SD1530 为编目离港时间。ED1530 为预计离港时间。

CI0853 为柜台关闭时间。CC0932 为最后关闭时间。BD12762 为系统中主机与登机口通信 PID#。

第 5 行　CNF/Y148 为飞机布局载客量。CAP/Y145 为实际载客量。AV/Y46 为剩余座位。CNF≥CAP。

第 6 行　CAT/100 为配餐数和备注信息，使用 RK 指令加入。

第 7 行　* 为有效；X 为无效。PEKKHN 为航段。R099 为订座人数。C099 为接收人数。B0032 /000364 为行李数/重量。

第 8 行　SB000 为候补状态旅客。B0000 为行李件数。UM 为无成人陪伴儿童。I 为婴儿。

第 9 行　SA000 为公司折扣票旅客。EXST00 为额外占座。XCR00 为机组占座。

其他情况：WCH 为轮椅旅客。STCR 为担架旅客。CHD 为儿童。

第 10 行　RET 为电子客票订座数。CET 为电子客票接收数，暂无用。

第 11 行　BPAX 为登机旅客数。BINF 为登机婴儿数。

第 12 行　GS PEK/C001Y012 为最多可以接收的候补旅客。

其他情况：HL 为登机旅客人数限制（一般用于多航段）。SL 为候补旅客人数限制。如果多航段，有 TOTALS 项，内容与单段航班一样，是所有航段的总数。

（四）航班座位控制

1. 航班座位图显示（SE）

指令功能：显示指定航班、日期、舱位、航站/航段的座位图。

指令格式：

>SE:FLT/DATE/CLASS/SEG　CLASS 表示所有仓位

示例：

```
>SE:MU5104/16MAY12/*PEKSHA  CNF/F38Y262                330/333
F      1       Y 3  [[[[[[4[[[[[[[[ 6        7
    6789012      123456789012345678 123456789012345678
R              L .................. .................    LR
RL  ......  L  J X................. .................    JR
RJ  ..***.  J    ================== E=================    R
R   =======      ================== E=================    R
R   =======    H    ............... ..................   HR
RH  ...*... H  G    ............... ...........          GR
LD  ....*.. D  F    ............... ..................   FL
L   =======    D    ............... ..................   DL
L   =======      ================== E=================    L
LC  ....**  C    ================== E=================    L
LA  .V....  A  C X................. ................     CL
L              A .................. ................     AL
    6789012      123456789012345678 123456789012345678
 F      1      Y 3  [[[[[[4[[[[[[[[ 6        7
```

第 1 行 信息及航班的原始布局、机型/机型分类。其余各行显示的是一张飞机的俯视平面图，左边是机头，右边是机尾，上边是飞机的右半部分，下边是飞机的左半部分。

大多数飞机的座位图是对称的，所以最上一行和最下一行一般是飞机的舱位（F、C、UC、Y)、以十进位标记的行号和机翼标识“[”。

最上和最下的第 2 行 飞机以个位标记的行号，行号间允许不连续、有间隔甚至不全是从低到高的顺序，座位图应准确反映飞机的实际布局。

座位图的实体部分按照竖列分析，第一列和最后一列的“R”“L”标识其所在行是飞机的右半部分或左半部分，每一类舱位的首列和尾列都有 A、B、C、D 等标识座位。

座位图上的空白列一般用以区别舱位或者某一舱位的不同分区。

座位图上符号的含义如表 9-6 所示。

表 9-6 座位图上符号的含义

符号	含义	符号	含义
.	已经有旅客占用	*	可利用的座位
:	此半行有婴儿	=	过道
/	靠背不可移动的座位	+	为婴儿/手提狗笼等预留座位
E	此行或半行有紧急出口	I	此行婴儿优先
Q	此行是安静座位	X	锁定（不可利用）座位
T	转港占用（锁定）区	V	VIP 留座（JCR 指令）
D	VIP 留座（JCS 指令）	C	最后可利用座位，* 用完后才可用
P	为未到旅客保留的座位	R	订座留座
O	为其他航段保留的座位	A	为本段保留的座位
B	可利用的摇篮座位	N	看不到电影的座位
U	可利用的无伴儿童座位	G	RS 指令保留的团体座位
H	头上宽敞的座位	>	在本航站转港的旅客占用的座位
L	脚下空间宽敞的座位（宽松）		

2. 锁定座位（BS）

指令功能：针对指定航段锁定/释放座位区域，座位图字符为“X”。

使用条件：

（1）在 SE 操作之后使用。

（2）本指令将影响航班可利用座位的最大限额，比较使用前后 SY 的 CAP 域。

（3）一个区域其中有一个不符合要求，整个指令不得接收。

示例：

>BS:1-8　1～8 排
>BS:1A　1A 座
>BS:1-5A　1 排 A 至 5 排 A
>BS:-1-5L　打开 1 排 L 至 5 排 L
>BS:-1-5A-C　打开 1 排 A 至 5 排 C
>BS:1-3,5A-C　1 排至 3 排和 5 排 A 至 5 排 C。多个区域使用“,”

3. 改变座位性质（SU）

指令功能：针对一个指定航段更改座位图上的座位符号属性。
使用条件：在 SE 操作之后使用；对锁定座位操作无效。
可选项：C、B、U、I、R、E、Z 与 SE 座位图上符号的含义相同。
示例：

>SU:+C/1-4　将 * 变成 C
>SU:-C/2　将第 2 排 C 还原 *

4. 保留座位（RS）

指令功能：为旅客保留或释放保留的座位。使用指令前需执行 SE 指令查看航段座位图，显示“*”的座位可保留。座位字符为“G”。格式如下：

>RS:1-5　将 * 变成 G
>RS:-1-3　将 1-3 排 G 还原 *

5. 锁过站座位（BT）

指令功能：针对指定航段锁定/释放转港座位区域，防止本站占用，座位图字符为“T”。
使用条件：使用前不必先执行 SE 操作；每次输入只能针对一种舱类，且要求航班、舱位、航段信息。
指令格式：

```
>BT:FLT/DATE/CLASS/SEG/ROW
>BT:CA1510/ + /Y/HGHPEK/5
>BT:CA1510/ + /Y/HGHPEK/-5
```

6. 预留座位（JCS#/JCR#/PA#）

预留座位（JCS#/JCR#/PA#）相关指令信息如表 9-7 所示。

表 9-7　预留座位（JCS#/JCR#/PA#）相关指令信息

预留座位	指令	含义	示例	显示结果
JCS	为单个重要旅客确定座位	>JCS:# 序号 ,R 座位	>JCS:#1,R1A	SE 中 “*” →显示 “D”
JCR	为多个重要旅客确定座位	>JCR:# 序号 - 序号 ,R 座位	>JCR:#1-3,R1A	SE 中 “*” →显示 “V”
PA	为未到旅客留座	>PA# 序号 ,R 座位	>PA:#1,R1A	SE 中 “*” →显示 “P”
		>PA# 序号 ,SNR 座位	>PA:#1,SNR1A	SE 中 “C” →显示 “P”

想要修改预留座位，先释放再重新留即可。当旅客被预留座位时，接收时自动分配预留座位号。

7. 释放保留座位（RA）

指令功能：针对指定航段释放以下几种座位保留区域：①值机保留座位，CRS 类，SE 座位图字符为“P”；②订座保留座位，RES 类，SE 座位图字符为“R”；③ VIP 留座位，ASR 类（包括 JCS 确定的 VIP 座），座位图字符为“D”和“V”。

使用条件：①在 SE 操作之后使用；②可以选择所有舱位、所有座位保留类型进行释放；③如果航段只出现始发站，系统认为是释放所有下行航段的保留座位。

指令格式：

```
>RA:FLT/DATE/CLASS/SEG,SEAT-TYPE SEAT
>RA:FLT/DATE/CLASS/SEG,RES  所有订座留座
                      ,ASR  所有要客留座
                      ,CRS1A  值机留的 1A 座
                      ,ALL  所有留座，ALL15A
```

六、控制航班

（一）航班配餐及备注信息（RK）

指令功能：建立/修改/删除航班餐食及备注信息。

使用条件：

① 执行 RK 功能，系统自动输出 RKC 指令；

② 备注内容为自由格式，不超过 128 个字符，其中包括空格；

③ 若取消备注信息，只需将光标移到“>RKC…”输出行后面，然后确认即可。

④ 在实际工作中用于给配餐公司查看数据。

指令格式：

```
>RK:FLT/DATE
```

（二）值机航班显示（CFL）

指令功能：显示值机可以使用的航班。

指令格式：

>CFL:AIRLINE/DATE/CITY/OPT

>CFL：航空公司 / 日期 / 起飞城市 / 选项

选项（OPT）：

S 为所有状态。

O 为 OPEN 航班，开放航班，作过 IF（默认），但名单不一定有。

C 为关闭航班，CC 为完全关闭航班。

I 为初始化航班，做过 IF，名单正确。

N 为 NO-OPEN 航班，没有开放的。

CL 为中间关闭的航班，SY 中显示为 CCL。

示例：

>CFL:CA/.　显示今日国航航班，默认在 PEK

>CFL:CA/./S　显示航班的详细信息

（三）限额控制

1. 修改GO-SHOW限额（GS）

指令功能：设置或修改某航段某舱位可接收的 GO-SHOW 旅客人数。

使用条件：

① 航班初始化时，GO-SHOW 限额为零；

② 每次只能设置或修改一种舱位类型；

③ 如果是 URES（无记录旅客，DCS 无 ICS 无）、NREC（无记录旅客，DCS 无 ICS 有）类旅客与限额有关；

④ 多航段航班必须在每一个登机航站都有相应限额，才能接收自发站到终点未订座旅客；

⑤ 用 GO-SHOW 接收，一定要在航班不满时操作。

GO-SHOW 旅客：ICS OK，转 PNL 报时出错，在 DCS 找不到 PAX。ICS NO RECORD，到机场未满，有票面。

指令格式：

>GS：航班号 / 日期 / 舱位等级 / +（－）限制数量

2. 登机人数限制（HL）

指令功能：对某一航段的某种舱位等级设定最大乘机人数限制，一般用于多航段航班控制。

使用条件：

① 航班初始化后各舱限制的默认登机人数是客舱最大载量值;

② 设定的旅客人数不能低于已接收的人数;

③ 如果接收的旅客超过设定值，系统将旅客列为候补;

④ 航班初始关闭 CI 后，登机人数限制即告无效，如需调整，必先打开航班;

⑤ 手工设定的人数不得低于已接收的旅客数，不得低于座位保护数;

⑥ SY 显示中有 HL 信息行;

⑦ 控制人员对航班的某个或整个航段的某个（整个）等级设定一个最大的登机旅客人数限制使用 HL 指令就可以对某航班某航段限制接收人数，从而保证下航段旅客的正常接收。

指令格式:

>HL: 航班号 / 日期 / 舱位等级 / + （ - ） 限制数量

3. 设定/调整持折扣票旅客限额（ID）

指令功能: 对 PAD 旅客限额进行设定和调整，从而达到对每一登机地点的 PAD 旅客进行控制。许多航空公司允许职员乘飞机私人旅游或公差乘机，他们根据不同的资历和职位享受不同等级的折扣待遇; 但这种旅客必须在保证所有持全票的旅客登机后才可接收，即使被接收以后，如果需要让出座位，这种旅客首先要被拉下，所以称为 PAD 旅客。

使用条件:

① 航班初始化后，客舱载量 SY 的 CAP 域减去订座人数 R 域的差即最大 PAD 限额;

② 本指令修改的最大 PAD 限额不能超出 SY 中 CAP 数值;

③ 只有前方航站执行完全关闭后，后方航站才能执行 ID 指令;

④ PAD 限额设定之后，增减名单报和 GO-SHOW 旅客的增减不影响 PAD 限额。

指令格式:

>ID: 航班号 / 日期 / 舱位等级 / + （ - ） 限制数量

七、办理值机手续

办理值机的操作程序如图 9-2 所示。

（一）设置默认航班（FT）

指令功能: 在值机员当前的工作区中设置一个默认航班，则针对此航班的操作均可简化输入。值机航班必须已经开放。

相关功能及其指令如表 9-8 所示。

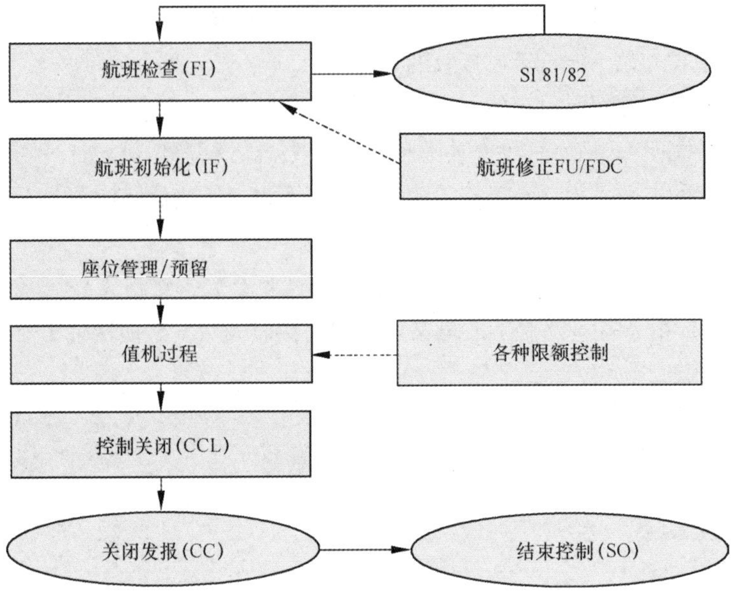

图 9-2　值机操作程序

表 9-8　设置默认航班（FT）相关功能及其指令

功能说明	指令格式	示例	系统响应
设置默认航班	>FT:FLT/DATE	>FT:CA101/01JUL	>ACCEPTED
显示默认航班	>FT:	>FT:	>FT:CA101/01JUL97
取消默认航班	>FT:-	>FT:-	>ACCEPTED

显示 NEED INITIALIZE 说明航班未作过初始化。

显示 PNL PROCESSING IN PROGRESS 说明 PNL 报不完整。

（二）提取旅客记录

1．显示旅客名单（PD）

指令功能：显示旅客在离港系统中的名单，即从 ICS 系统传到离港系统的 PNL。

指令格式：

>PD:FLT/DATE/CLASS/SEG,ITEM1,ITEM2，…

或

>PD*,ITEM1,ITEM2，…（设置缺省航班后）

常用选项如表 9-9 所示。

表 9-9 显示旅客名单（DD）指令常用选项

代码	释义	代码	释义
ACC	已接收旅客	DEAF	耳聋旅客
NACC	未接收旅客	STCR	担架旅客
VIP	要客	DEL	被删除的旅客
PSM	特殊服务旅客	EDI	与其他主机有数据交换的旅客，香港等用其他离港系统，要在我们这接收
INF	带有婴儿的旅客	EXBG	行李超重的旅客
CHD	儿童	UPG	升舱的旅客
GRP	团体，不是旅客本身，只是团名，团名 0 开头	DNG	降舱的旅客
NGRP	不包括团名	EXST	额外占座的旅客
AEC	AEC 换飞机后未确定座位的旅客	FF	常旅客
AECX	AEC 换飞机后，座位号与原座位号不同的旅客	NREC	无记录旅客，离港系统无记录，在 ICS 正常
I	进港旅客，转港旅客	URES	候补旅客，离港系统无记录，在 ICS 无记录
O	联程旅客	SBY	候补状态旅客
ASR	预留座位的要客 VIP	GRIB	团体中的所有旅客 GRI＋团名
CRS	值机留座的旅客	Z	转换航班旅客
RES	预留座位的团体旅客	BN	按登机号显示
WCH	轮椅旅客	BAG/ALL	所有有行李的旅客
BLND	盲人	AGT/500	看工作号 500 办理的旅客
APT	显示旅客接收 PID/AGENT/TIME	SIP	看代码共享航班旅客

示例:

```
>PD*,GRP
737/800A GTD/???? POS/GATE BDT1350 SD1420 ED1620
1. 0CA/SIX        Z14     GROUP  Y KWL L075V
2. 0SEL/FIVE      H9      GROUP  Y HGH KFLM3
3. 0SHANGLU       BA14    GROUP  H KWL K55TJ
ICS 团名          DCS 团名 Z、H、BA
```

2. 提取旅客详细记录（PR）

指令功能：提取旅客详细记录。

指令格式 1:

>PR:NUM　NUM 为上次显示中序号

示例：

```
>PR: CA985/19JAN01TPEK, 2              PNR RL   H0L2L
                                       CRS RL   MBP6G
  1. LIU/XIAOHONG       BN190   14E      T SFO FF/CA 102013085 RW
                                         BAG1/21/0 M1
     BAGTAG/0999596860/PHX
     O/UA2358/19JAN                      V PHX
     ACC PEK12632 AGT10452/19JAN1311
     BAG PEK12632 AGT10452/19JAN1311/PHX
     MOD PEK12632 AGT10452/19JAN1311
```

第 1 行　PNR RL　H0L2L ICS 为记录编号。CRS RL　MBP6G CRS 为记录编号。

第 3 行　1. LIU/XIA 为旅客姓名。BN190 为登机号。14E 为座位号。T 为舱位。SFO 为目的地。FF/CA 102013085 为有常旅客卡/卡号。RW 为申请靠窗座位。BAG1/21/0 为一件行李 20 千克。M1 为成人男 1。

第 4 行　BAGTAG 为行李牌。0999596860 为行李牌号。PHX 为目的地。

第 5 行　O 为有联程航班。UA2358/19JAN 为联程航班号日期。V 为舱位。PHX 为目的地。

指令格式 2：

>PR:BT596860　根据行李牌号提取旅客详细记录

3. 提取旅客记录的几种简化格式（RL/RN/FB/FSN）

指令功能：根据姓名、订座编码、座位号、办理乘机手续顺序号分别提取旅客名单。

指令格式：

>RN：姓名［，选择项］	根据姓名提取旅客记录
>RL：订座编码［，选择项］	根据记录编码提取旅客记录
>FB：办理值机顺序号	根据值机顺序号提取旅客记录（接收完）
>FSN：座位号	根据座位号提取旅客记录（接收完）

（三）接收旅客（PA）

指令功能：在离港系统中接收旅客办理乘机手续。离港系统中，正常 PA 接收旅客，系统会自动给出旅客的座位号，同时，与终端相连的登机牌打印机、行李牌打印机自动打印旅客的登机牌和行李牌。如果旅客没有订座记录，或座位未确定，GS 没有限额，执行 PA 指令会将该旅客自动列为候补，给出候补号。PA 也可以为未到旅客保留座位。

使用条件：指令可以单独使用，但一般根据 PD，RN，PR 等输出按序号方式接收。

指令格式：>PA: 序号 选项　序号为上次提取指令显示中的序号

接收旅客（PA）指令具体如表 9-10 所示。

表 9-10 接收旅客（PA）指令

指令	释义
PA:1	接收 1 名旅客，无托运行李
PA:1,1/10,M1	接收 1 名带 10 千克行李的男性旅客，当重量表男女旅客不一样时使用该指令；一样时直接使用 PA1,1/10
PA:1-4	接收 4 名旅客
PA:1,1/20;3,CHD1;4;6	接收团体内几名旅客；隔开不同序号
PA:1,UM1	接收无人陪伴
PA:1,EXST	接收额外占座，占用一个 GO-SHOW 限额
PA:Y1LI/LI,URES（,ET1）	接收候补旅客，PA: 舱位 1 姓名，URES 接收 GO-SHOW 旅客
PA:1,INF1LI/LI	接收带婴儿旅客，PA: 大人姓名，INF 婴儿姓名
PA:1,OCA101YHkg,URES	接收联程旅客，PA:1，O 联程航班仓位目的地，URES
PA:1,R1A	接收旅客到指定座位 1A
PA:1,SNR1A	将旅客强行接收到 1A 座位，申请“C”的座位
PA:#1,R1A	为未到旅客留座，预留座位
PA:1,RW	安排靠窗的座位：W—窗口，I—走道，C—中间座，E—临近出口，F—靠前，A—靠后，L—靠左，R—靠右，U—上舱，X—下方宽敞
PA:1,FFCA/108738498	接收常旅客
PA:1P1,1/10;1P2,CHD1	接收同一序号下旅客
PA:1,UPGF	接收旅客并升舱，F 舱，要 GO-SHOW 限额
PA:1,DNGY	接收旅客并降舱，Y 舱，要 GO-SHOW 限额
PA:1,T/CA/123456	接收旅客并输入行李牌号
PA:1,BLND（DEAF,STCR,WCHR）	接收盲人（聋、担架、轮椅）旅客
PA:1,XBT（XBP）	接收旅客不打印行李牌（不打印登机牌）
PA:1,PETC1/10	接收带宠物上客舱旅客
PA:1,AVIH1/10	接收带宠物旅客，宠物放在货舱
BC:1,R	重新打印登机牌
BAG:1,R	重新打印行李牌

一个序号最多 40 个旅客，一次接收最多 30 个旅客。

（四）修改旅客记录（PU）

指令功能：修改旅客办理乘机手续记录。

1. 修改已接收旅客记录

指令格式：

>PU:1，1/10	加一件行李 10 千克
>PU:1，1/10,T/CA/123456/PEK	加行李，输入行李牌号
>PU:1，INF1LI/LI	加婴儿
>PU:1，R1A	换座位
>PU:1，UPGF	升舱，要 GO-SHOW 限额 F 舱
>PU:1，DNGY	降舱，要 GO-SHOW 限额 Y 舱
>PU:1，NAM1LI/LI	修改旅客姓名
>PU:1，OCA101YHkg,URES	加联程航段
>PU:1，CHD1	将旅客修改为儿童
>PU:1，FFCA/10876433	给旅客加常客卡号
>PU:YHkg0，1/10，(RUSHaaa)	加速运行李，无人行李在 SY 中用 UB 显示；0 表示没有旅客，若加注释 aaa 自由格式

2. 修改未接收旅客记录

指令格式：

>PU:#1,R1A	预留座位 == PA：#1，R1A
>PU:#1,PUPGF	预升舱，# 标志旅客没有到
>PU:#1,PDNGY	预降舱
>PU:#1,NAM1LI/LI	修改未接收旅客姓名 LI/LI 新姓名

（五）删除旅客记录或记录中数据项（PW）

指令功能：删除旅客值机记录或记录中某项数据。

指令格式：

>PW:-1	删除一名旅客记录，整个的接收记录，如果重新接收，BN 号不变
>PW::-1-5	删除多名旅客记录
>PW::-1,XRES	取消已接受旅客订座记录，PD* 看不到，如果看到使用 PD*，XRES
>PW:1,XRES	取消未接收旅客订座记录，PD* 看不到，如果看到使用 PD*，XRES
>PW:1,BAG	减去所有行李

```
>PW:1,1/10                      减去一件行李
>PW:1,FF                        减去旅客常客卡号
>PW:1,INF                       减去婴儿，加时要带姓名
>PW:1,1/10,BT/123456            减去一件行李，并删掉一个行李牌号
>PW:1,1/10,T/CA/123456          减去一件行李，并删掉手工行李牌号
>PW:YPEK0,1/10                  减速运行李，PEK 目的地
```

（六）候补状态旅客处理

用 PD 显示出来在 BN 位置，显示 SB××××（×××× 为候补号）。航班关闭时，不允许有 SBY 存在的。

1. 产生SBY原因代码

AEC——自动换飞机被拉下旅客;
STL——座位分配原因，AL 分配本站 A 用完，只有 O;
URES——GS 限额限制;
CAP——座位数不够;
PAD——超过 ID 人数限制;
WTL——业载限制;
LM——超过登机人数限制。

2. 接收SBY旅客

91 级工号用 JC 指令：JC 在接收 URES 时，须收放 GO-SHOW。
限额 81 级工号用 AC 指令：AC 在接收 URES 时，不用放 GO-SHOW 限额。

>SB*　显示 SBY 旅客 =PD*，SBY

SB*　显示 NEED NOTIFICATION 需要通知，涉及旅客本人的操作，要通知旅客本人，如改名、升/降舱

```
>JC1
>JC1-6
```

AC 格式同 JC。

（七）值机操作程序

值机操作程序如图 9-3 所示。

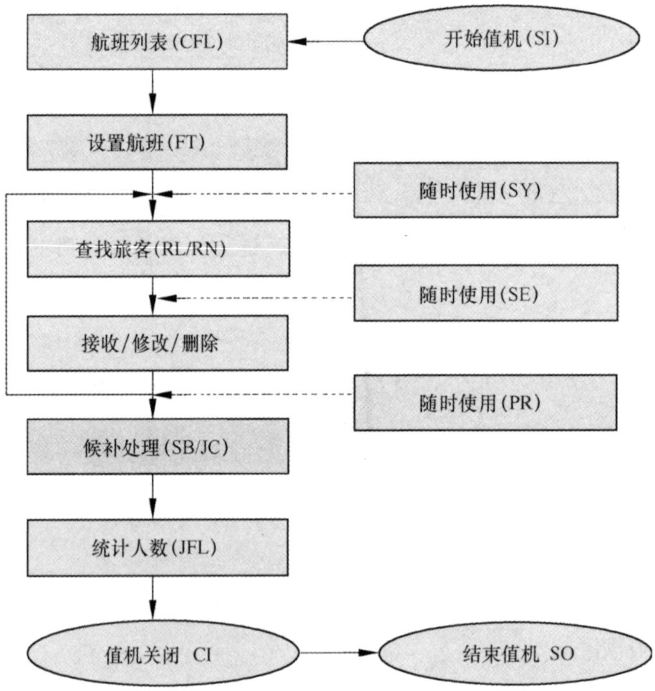

图 9-3　值机操作程序

八、关闭航班及发报

（一）关闭航班

1. 航班初始关闭（值机柜台关闭）(CI)

指令功能：柜台在办理完值机手续之后，使用此指令关闭，一般不再接受旅客了。最好由主办值机员负责关闭他的航班。指令执行后自动发报通知控制室。

指令格式：

>CI：航班号/日期　如果 FT 后，直接加 CI：即可

值机关闭后，系统自动显示航班当前的一些旅客信息：需要通知的旅客、候补旅客、本地和转港的持折扣票旅客。

2. 航班中间关闭（CCL）

指令功能：当控制室收到 CI 报文后，关闭航班，结束值机过程，并通知配载部门，开始进行结载工作。

使用条件：限于登机口或控制室终端进行此操作；航班必须在执行 CI 之后才能执行关闭；控制员确定已经 CI 后再无值机操作，应及时使用 CCL 通知配载部门。

指令格式:

>CCL: 航班号/日期

3. 航班最后关闭(CC)

指令功能: 控制员确定航班已经起飞后，应及时使用 CC 发送报文，一般在起飞后 10 分钟; CC 用于完全关闭航班，发送值机报文; 航班必须在执行 CCL 之后才能执行关闭。

CC 指令导致下列报文的产生: 值机关闭报文(COM); 显示候补旅客; 送往订座系统的报文，订座系统将根据未出现(NO-SHOW)旅客信息进行注销; 送往 FDC 子系统的航班报告。

CCL 指令导致下列报文的产生: 发往配载系统的值机关闭 RQL 报文。

指令格式:

>CC: 航班号/日期

(二) 打开已关闭航班

关闭后，没有特殊情况，不要打开航班。打开航班与关闭航班顺序相反。

指令格式:

>CC:- 打开最后关闭航班

>CCL:- 打开中间关闭航班

>CI:- 打开值机关闭航班

(三) 发报

1. 自动发报

指令功能: 航班最后关闭时，系统自动发报，报文类型在 CSM 中定义，发报地址可通过 CM 指令查询。

示例:

```
>CM:CA/PEK
CM:CA PEK0
DFL, 1016      CCL, 12680     CCL, CD        MLA, 3434      MLA, 3435
MLW, 3435      MLW, 3434      PFS, INTZZCA   PFS, PEKXPCA   PSM, PEKKICA
PTM, PEKUTCA   PTM, PEKLLCA   PTM, PEKUOCA   PTM, PEKUDCA   PTM, SELAPCA
PTM, PEKAPCA   PTM, PEKTRNW   SOM, PEKKLCA   SOM, PEKKNCA   SOM, PEKAPCA
SOM, PEKUOCA   SOM, PEKUDCA   TPM, PEKUDCA   TPM, PEKUOCA   CCI, 3434
CCI, 3435      CCI, 12680     CCI, 12688     CCI, CD        CCC, 12680
CCC, CD        MVT, PEKZPCA   MVT, PEKZBCA   MVT, PEKUACA   MVT, PEKUOCA
```

各参数解释如下:

DFL　没有定义地址报文的公用地址。

CCL,12680　发送 CCL 报在 PID12680 上。

CCL,CD　EF 后发报文终端使用 EF 定义的 PID#。

2. 手工发报（LR）

指令格式:

>LR:FLT/DATE/CITY/MSG-TYPE/ADDR

>LR: 航班号/日期/始发城市/电报类型/七字地址或 PID#

MSG-TYPE 报文都是 IATA 标准信息，具体如表 9-11 所示。

表 9-11　MSG-TYPE 报文信息

代码	报文全名		目的地	主要内容
	英文	中文		
IDM	INDUSTRY DISCOUNT MESSAGE	公司折扣报	发下一站	过站的 PAD 旅客信息
PFS	PASSENGER FINAL SALES	最后销售报	发订座系统	最终离港人数，GO-SHOW，NO-SHOW 姓名，常旅客
PSM	PASSENGER SERVICE MESSAGE	旅客服务报	发后续所有航站	有 CHD INF 等特殊服务项
PTM	PASSENGER TRANSFER MESSAGE	旅客转港报	发后续所有航站	转港旅客信息，有 OUTBOUND 信息
SOM	SEAT OCCUPIED MESSAGE	占座报	发下第一个航站	那些座位已经被占用
TPM	TELEX PASSENGER MANIFEST	电传旅客名单报	发下第一个航站	下一站下机旅客信息
PIL	PAX INFORMATION LIST	旅客服务信息报	发本站	给机组人员一些供参考服务的信息
COM	CLOSE OUT MESSAGE	关闭报	发本站及后续所有航站	关闭时间等

3. 旅客登机名单的产生（JL）

指令功能：使用 JL 指令产生登机旅客名单，送至指定的地址。名单可按需求，按座位号排列、登机号排列、以姓名的字母顺序排列。

旅客名单格式为报文格式，可使用翻页指令，而非 IATA 格式，也不能自动产生。

指令格式:

>JL:OPT/FLT/DATE/CLASS/SEG/ADDR

>JL: 选项/航班号/日期/舱位/航段/目的地址

OPT:

A——按值机员显示;

B——按登机号顺序显示;

N——按姓名顺序显示;

S——按座位顺序号显示;

NX——按姓名字母顺序，并注明旅客详细情况;

BX——按登机号排列，并注明到达站旅客详细情况（PSM、进港/出港航班、值机员号、团体代号、行李件数等）。

4. 系统内部发报（MSG/TLX）

向终端发报格式:

```
>MSG:PID#/LEV
HELLO!!（自由格式）
```

向有7位地址打印机发报格式:

```
>TLX:SHAAPCA            收报地址
.PEKAPCA                发报地址
HELLO!!!!!!（自由格式）
```

九、航班配载平衡

（一）建立配载航班（LCFD）

指令功能：显示一张已经存在的航班数据表格，指令自动转化为修改命令LCFU；显示一张待填入的航班空表格，指令自动转化为修改命令LCFU。

使用条件：如果与值机系统连接且航班配置等数据是准确的，在值机系统中由控制员用FU指令加上飞机注册号码，系统会自动向配载系统发送ASM报文建立航班。当天建立的T-CARD不一定会自动发报。

航班的经停站、注册号码、布局需要更改时，返回信息一般是ACK-CHECK WT & BALANCE DATA，即有可能影响油量、客货、邮件的信息，所以还要重新修正这些数据。

指令格式:

```
>LCFD:FLT/DATE
```

示例:

```
>LCFD:CA1511/19NOV/PEK
LCFU:      CA1511/19NOV      DATE/TIME: 19NOV99/12:47:43
STN  A/C    CONFIGURATION    ARVL     DPTR    GATE     CONT-WAB·Y
·PEK  ·B2947__  ·Y148________________          ·1530__   ·_____
·KHN  ·_______  ·____________________    ·1740__    ·_______   ·_____
```

```
·____    ·_________    ·___________________________    ·________    ·________    ·_____
·____                                                  ·________                 ·_____
```

第 3 行　STN 为航站信息。A/C 为飞机注册号。CONFIGURATION 为布局，在 LLAF 中查看。ARVL 为到达时间。DPTR 为出发时间。GATE 为登机口。

航班配载通常情况下是由 CKI 添加飞机注册号，将航班数据传过来，自动建立配载航班。由于特殊原因，也可以手工建立配载航班。

（二）航班油量控制（LFFD）

指令功能：显示修改油量。

指令格式：

>LFFD：航班号/日期

>LFFD:CA1511/./PEK

示例：

```
>LFFD:CA1511/19NOV99 PEK  KHN AC B2947       Y148      GATE 37
WEIGHT kg   737-3J6   ETD 1530   DATE/TIME: 20NOV/12:59:53
FUEL - ARVL: ·______                   WEIGHT  INDEX
-  ADD: ·__8500  MIN: ·___453    FUEL BALLAST : ·_____    _____
               MAX:  14365     WATER INJECT : ·_____    _____
               SUG: ·__8500    TANKERING   : ·______   ·______
- TAXI: ·___227   TOF:   8500    TYPE: ·___
-  B/O: ·__5000
TOTAL FUEL:  8727 MODE: ·STD  DENSITY: ·6.7_
FUEL DISTRIBUTION:
TTL-WT TANK1 TANK2 TANK3 TANK4 CENTER   R1    R2    R3    R4

REMARKS: ·_________________________________________
FUEL  DISTRIBUTION  NOT  FOUND
```

第 3 行　FUEL-ARVL 为剩油量。

第 4 行　ADD 为加油量。MIN 为最小加油量。MAX 为最大加油量。SUG 为建议用油量，以前用过的油量。

第 7 行　TAXI 为滑行耗油量，不可修改，由静态数据中取得。

第 8 行　B/O 为耗油量，公式：ARVL-ADD-B/O>MIN。

油量控制表需输入航班加油（ADD）、燃油（B/O）。

显示：

STATUS IS NOT AUTOMATED　原因 LAID 中没开，LAID 过夜维才可生效。

（三）航班配货、加旅客（LPAD）

指令功能：显示一张已经存在的航班业载数据表格，指令自动转化为修改命令 LPAU；显示一张待填入的航班业载空表格，指令自动转化为修改命令 LPAU。

1．配货（LPAD…CGO1）

指令格式：

```
>LPAD:航班号/日期/CGO1
>LPAD:CA1511/. /CGO1/PEK
```

示例：

```
>LPAD:CA1511/19NOV99/CGO1 PEK KHN A/C B2947  Y148 ETD   1530
 WEIGHT kg            737-3J6        DATE/TIME: 20NOV99/13:10:02
LFSD: ·_LPDD: ·_  CUMULATIVE CHECKS: ·Y  RESTHOLD POSITION ·___
WGT ·_____
PAYLOAD REMAINING:  5865    STATUS         FINAL
DEST ACTWGT ESTWGT TYPE SERIAL IND CONT POS /PRI RSTCT CARGO DST
·KHN_  ·___300 · 300   ·BY_  _    ·1__ ·A0_1   ·__________ ·___
·KHN   ·   259   ·   259    ·BY        ·4   ·A0 1   ·
·KHN   ·    96   ·    96      ·C       ·4   ·A0 1   ·
·KHN   ·   305   ·   305    ·M         ·4   ·A0 1   ·
·KHN   ·   300   ·   300    ·BY        ·4   ·A0 1   ·
```

第 5 行　PAYLOAD REMAINING 为剩余业载。

第 6 行　DEST 为货物到达站。ACTWGT 为货物实际重量，行李重量自动传来。ESTWGT 为货物预计重量。TYPE 为货物类型。C 为货物。M 为邮件。B 为行李。T 为转港行李。BY 为 Y 舱行李。BT 为过站行李。前方航站经过本地的行李，前方用 DCS 可以自动传。CT 为过站货物。X 为空集装箱。SERIAL IND 为集装箱/板序号。CONT 集装箱/板序号。LADD：CA 为飞机号。CGO1 为可以装载的集装箱数据。POS 为货物所在货舱，货舱标号。非集装箱必填 DEST＋ACTWGT＋TYPE＋POS。集装箱必填 DEST＋ACTWGT＋TYPE＋POS＋CONT。PRI 为优先级，一般不用系统自动分配。RSTCT CARGO 为货物限制，自由格式。DST 为最终到站，备注信息。

2．本站旅客数（LPAD…PAX）

指令格式：

>LPAD:FLT/DATE/PAX　本站登机旅客数（本站 CKI＋过站旅客）

示例:

```
LPAD:CA1511/19NOV99/PAX    PEK    KHN    A/C    B2947    Y148 ETD 1530
WEIGHT kg        737-3J6     DATE/TIME: 20NOV99/13:10:02
                 LFSD·_   LPDD·_   GENDER REQD Y
                     M     F     C     I     T          RANGE
 AVG PSGR WGT:     75    75    38    10             LOW: HIGH:
 PASSENGERS Y:     104                             ·___  ·___

                             TTL  104
                          0A    0B    0C
 COMPARTMENT CAPACITY:  48    52    48
 COMPARTMENT COUNT:  ·_33 ·_46  ·_25                 .     USE·Y
 COMPARTMENT DISTR:          34    36    34
 PAYLOAD REMAINING:          7818  AVERAGE BAGGAGE WGT: ·_20
 CARGO SPECIAL HNDLG:·_________________________________
             REMARKS:·______________________________
```

第 3 行　LFSD·_，在 _ 处输入“Y”可以直接到 LFSD 指令显示 LPDD·_，同 LFSD。

第 4 行　M 为成人男。F 为成人女。C 为儿童。I 为婴儿。T 为过站。A 为成人。

第 5 行　AVG PSGR WGT 为平均旅客重量。

第 6 行　PASSENGERS Y 为每个舱位接收多少旅客，舱位分类。

第 8 行　0A　0B　0C　分区。

第 9 行　COMPARTMENT CAPACITY: 48　52　48，分区最大容量。

第 10 行　COMPARTMENT COUNT:　·_33·_46·_25，分区计算旅客数量，自动加入。

第 11 行　COMPARTMENT DISTR:　34　36　34，系统建议分布，平均分配。

第 12 行　PAYLOAD REMAINING:　剩余业载。

上下总数一样，如果 CKI → LDP 连通数据自动加入，旅客总数指占座数，包括儿童，但不包括婴儿。

3. 过站旅客数（LPAD…PAX1）

指令格式:

>LPAD:FLT/DATE/PAX1　过站旅客数

示例:

```
LPAD:CA1511/19NOV99/PAX1   PEK   KHN A/C   B2947 Y148    ETD  1530
 WEIGHT kg        737-3J6     DATE/TIME:    20NOV99/13:10:02
           ***** TRANSIT *****
```

```
PAX BY GENDER SEATS OCC. BY CLASS TOT
DEST M F C I Y
KHN   ·___ ·___ ·___ ·___ ·___                0
                                    TOTALS    0
```

第 3 行 * TRANSIT * 为过站旅客标志。

第 4 行 PAX BY GENDER SEATS OCC 为根据旅客重量。BY CLASS TOT 为根据舱位。前方站用 DCS，不用填，前方站未用 DCS，要填过站旅客数。

4. 本站CKI旅客数（LPAD…PAX2）

指令格式：

>LPAD:FLT/DATE/PAX2

示例：

```
LPAD:CA1511/19NOV99/PAX2  PEK  KHN  A/C B2947  Y148  ETD  1530
 WEIGHT kg              737-3J6   DATE/TIME: 20NOV99/13:10:02
         ***** CHECKED *****
PAX BY GENDER SEATS OCC. BY CLASS TOT   BAG WEIGHT
DEST   M   F   C   I   Y           PREF   OTHR   TRAN
KHN   ·104 ·___ ·___ ·___ ·104   104   ·_____  ·__859  ·_____

                  TOTALS   104         0    859    0
```

第 5 行 PREF 为舱行李。OTHR 为普通舱行李。TRAN 为过站行李。

如果 CKI → LDP 连通，数据自动加入。

（四）查看航班状态、关闭航班（LFSD）

指令功能：查看航班状态、关闭航班。

指令格式：

>LFSD：航班号 / 日期

示例：

```
LFSD:CA1511 /19NOV99    PEK  KHN   A/C B2947  ETD 1530 GATE 37
LCWS ·_     LLSP ·_     737-3J6     DATE/TIME: 20NOV/13:48:05
STATUS -    FLT: ·C CKI: ·C  FUEL: N  CGO:    CONF Y148
WEIGHT     ACTUAL kg           ACTUAL          MAXIMUM   MINIMUM
   THRU    000000     PAYLOAD       009060       14925
```

```
   CARGO  000096    ADJ OEW      033284
  BAGS  000859/0062 ZFW          042344      048209
 PSGRS   007800/104 FUEL STD · __8500 14365         000453
   MAIL  000305     TOGW LNS     050844      56709
RANGE Y 000/148
TO PWR/FLAP 00 LNDG FLAP 00  WX                   TO RWY  ALT RWY
          HLD1   HLD2  HLD3   HLD4   HLD5    TRIM  004.9  31L-
AFT LIM  000000 000000 000000 000000 000000  A  TOMAC  16.23 %
FWD LIM  000000 000000 000000 000000 000000  A  ZFMAC  16.63 %
ACT LOAD   300      0       0     960      0  A  DLMAC  20.20 %
CGO SPECIAL HNDLG:
    REMARKS: NONE
```

第 3 行 FLT 为配载航班状态，可选：O—开放；C—关闭（不自动发报，LLAL 内定），P—原来的关闭但不发报，现不用；R—过站数据释放，向下一站释放过站数据，必先打舱单，在航班起飞后。CKI 为航班状态，可选：O—开放，CKI 没有中间关闭；C—CKI 航班中有中间关闭，做 CCL；U—CKI 与 LDP 断开联系，在 OFFICE-Q 中可以找到 M-LDP 单独使用。

第 4 行 ACTUAL 为实际值。MAXIMUM 为最大值。MINIMUM 为最小值。

第 5 行 THRU 为过站业载。PAYLOAD 为本站业载。

第 6 行 CARGO 为本站货＋邮件。ADJ OEW 为操作空量，飞机没有加油加业载的重量。

第 7 行 BAGS 为本站行李。000859/0062 为重量/件数。ZFW 为零油重。

第 8 行 PSGRS 为本站＋过站旅客。007800/104 为重量/人数。FUEL STD 为油量。

第 9 行 MAIL 为本站邮件。000305 为重量。TOGW 为起飞重量。LNS 为落地重。可以有以下 3 种情况：

LNS 落地重＋耗油

TOGW ZFW 零油重＋加油 飞机最大起飞重量不一样，系统取最小值

CERT 静态数据中读取，额定起飞重量

第 10 行 RANGE 为布局。

第 12 行 HLD1 ~ HLD5 为 5 个货舱。TRIM 为水平尾翼。

第 13 行 AFT LIM 为前线。TOMAC 为起飞指数，用平均空气动力弦和配载指数计算。

第 14 行 FWD LIM 为后线。ZFMAC 为零油指数。

第 15 行 ACT LOAD（实际业载）＝货＋邮＋行。DLMAC 为落地指数。

第 17 行 当重心不符合要求时，系统有提示信息，如“AIRCRAFT NOSE HEAVY AT ZFW”。

(五)辅助指令

指令功能:主要适用于加减机组,修改飞机操作空重。

1. 修改航班操作数(LODD)

指令格式:

>LODD:FLT/DATE 修改航班操作数,调整飞机的重量

示例:

```
>LODD:CA1511/19NOV99/PEKKHN A/C B2947 737-3J6 20NOV99/13:48:05
WEIGHT  kg  TEMP ·0____     ETD 1530 GATE 37 CREW ·_3 ·_5  0
J/S  · _____________  · _____________  · _____________  · _____________
CONF Y148       CPM · _____________              OTH ·Y148________
                ·N                ·N                  ·N
                ·N                ·N                  ·N
                ·N                ·N                  ·N
OEW-ADJ        INDEX         DESCRIPTION: CREW COMPLEMENT
       ·_____      ·______              CATERING REQUIREMENT
                                        DECK VERSION NONE
      ·_____       ·______       ·___________________________
      ·_____       ·______       ·___________________________
BASIC: WGT 33284 IDX ·_39.57 DRY OPERATION: WGT 33284 IDX ·39.57
ADJ:  ATOGW ·_____   CLIMB ·_____  CERT ·_____  LNDG NXT STP ·_____
REASON: ·_________________________________________________
PWR/FLAP ·___ ·00 ·___ ·00 ·___ ·00 ·___ ·00 ·___ ·00 ·___ ·00
DECK VERSION ·__  /__
RUNWAY ·31L-    ·____  ·____  ·____  ·____  ·____  PFD-LND-RNY 01_-_
ATOGW ·  61234 ·____  ·____  ·____  ·____  ·____  A-LND-WT ·__51709
CLIMB ·  ·____  ·____  ·____  ·____  ·____  ·_____  MODE  STD
OTH LIMIT ·____  ·____  ·____  ·____  ·____  ·____  LND-FLAP ·__
```

第 2 行 CREW 为额定机组数重量,在 LADD:CA/…/CERT 中定义,在修改机组时,修改后 XMIT 如果 OEW-ADJ 有变化说明系统有数据,自动加入。但在 OEW-ADJ 处可以手工修改。机组调整参考 LADD:…/。CREW 可能有几种不同的配置。

第 13 行 BASIC 为飞机基本重量,标准机组。IDX 为飞机基本指数。DRY OPERATION 为操作空重(包含修改机组数量)。IDX 为调整以后的指数。

第 14 行 ATOGW 为实际起飞重量,3 种起飞重量都不对,可以手工修改。

2. 显示配载航班预配重心(LPDD)

指令格式:

>LPDD:FLT/DATE

示例:

```
>LPDD:CA1511 /19NOV99/PEKKHN/2      AC B2947      Y148
WEIGHT kg       737-3J6              ETD 1530   GATE 37
```

```
PAX 104
POS DEST  WGT   TYPE PR  SERIAL-NBR CONT-TYP   RESTRICTED CARGO
1   KHN  00300   BY  01
4   KHN  00259   BY  01
4   KHN  00096    C   01
4   KHN  00305    M   01
4   KHN  00300   BY  01
TOTAL WGT: 001260
ZFW (kg) :042344 FWD LIMIT CG:9.74 ZFWMAC: 16.63 AFT LIMIT CG: 28.55
CARGO SPECIAL HNDLG:
REMARKS:
```

第 3 行　PAX 为旅客数量，在接收之前不会有数据。

第 4 行　与 LPAD 相同。

第 10 行　TOTAL WG 为预配总数（不包括旅客）。

第 11 行　ZFW（kg）为零油。FWD LIMIT CG 为前限。ZFWMAC 为实际重心，中间最好以 AFT LIMIT CG 为后限。

3. 显示航空公司飞机注册号及布局（LLAF）

指令格式:

```
>LLAF:CA
```

4. 显示配载有效航班（LFLD）

指令格式:

>LFLD:CA/19NOV99　使用 LDP 的

5. 显示配载报文地址定义（LAID）

指令格式:

```
>LAID:AIRLN/CITY
>LAID:CA/PEK
```

示例:

```
LAID:              DATE/TIME: 15JUL99/17:14:54
  IATA CODE: PEK   AIRLINE: CA        MECH IND:  CKI ·Y  LDP ·Y
  NORMAL TAKEOFF RUNWAY: ·31L-_  NORMAL LANDING RUNWAY: ·31L-_
  LOAD SHEET ADDRESS: ·PEKLSPR   FUEL SHEET  ADDRESS: ·PEKLSPR
  LOAD INSTR ADDRESS: ·PEKLSPR
        EZFW ADDRESS: ·PEKUOCA   REJECT CITY CODE    : ·PEK
```

```
LDM ·A·PEKKLCA ·A·PEKUTCA ·N·PEKVTCA ·N·PEKTZCA ·N·BJSTDCA
     ·A·PEKKUCA ·A·PEKUDCA ·A·PEKUOCA ·A·PEKUACA ·A·PEKKNCA
LPM ·A·PEKWHCA ·_·________ ·_·________ ·_·________ ·_·________
    ·_·________ ·_·________ ·_·________ ·_·________ ·_·________
CPM ·A·PEKKLCA ·N·PEKTZCA ·A·PEKKUCA ·N·SHAKLMU ·A·PEKUACA
     ·A·PEKFCCA ·_·________ ·A·PEKUOCA ·A·PEKUDCA ·A·PEKUDCA
UCM ·N·PEKKLCA ·A·PEKAPCA ·_·________ ·A·PEKKUCA ·A·NkgTZCA
     ·A·PEKKNCA ·_·________ ·_·________ ·_·________ ·_·________
LDP  ·PEKLNCA  ·PEKL2CA ·PEKL3CA  ·PEKL4CA  ·PEKL5CA
CGO ·A·PEKTZCA ·_·________ ·_·________ ·_·________ ·_·________
REJ LPI COM ASM LPM LDM CPM SOM GEN UWS OFF/CD ·003/LO ·003/LO
·003/LA ·003/LO ·003/LO ·003/LO ·003/LO ·003/LO ·003/LO
RUNWAYS:·31L- ·31R- ·18L- ·18R- ·______ ·______ ·______ ·______
        ·______ ·______ ·______ ·______ ·______ ·______ ·______ ·______
```

第 2 行　CKI 和 LDP 都是 Y，才可使用 LDP。

第 4 行　LOAD SHEET ADDRESS LLSP 为默认地址。

如果无数据，不能建立航班。

6. 显示飞机基本数据（LADD）

指令格式：

>LADD:AIRLN/ 注册号 /OPT

示例：

>LADD:CA/B2947/CERT	显示飞机基本操作重量及指数
>LADD:CA/B2947/CREW	显示机组配置
>LADD:CA/B2947/CGO1	定义货舱载重及力臂
>LADD:CA/B2947/CGO2	显示货仓标志和允许的集装箱/板

（六）配载操作程序

配载操作程序如图 9-4 所示。

1. 对正在办理值机的航班进行监控

监控值机航班状态，保证值机手续的正常办理：GS、HL、ID、SL、PO、EF、AK。

2. 柜台办理旅客值机手续

值机员通过离港系统办理旅客值机手续：PD、PR、RL、RN、FB、FSN、PA、PU、PW、BC、BAG、JC、AL、SB。

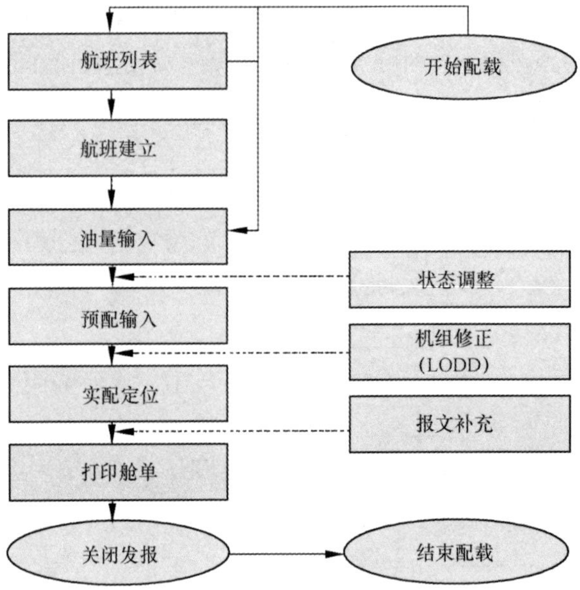

图 9-4　配载操作程序

3. CKI关闭航班

柜台做初始关闭，控制室做中间关闭。

4. 配载结载，打印舱单，发送配载报文

配载员在航班中间关闭后，对航班进行配载平衡，打印舱单，发送配载报文。

5. 对航班做最后关闭，发送CKI报文

航班起飞后，控制员对航班做最后关闭，系统自动向相关航站发报。

本章小结

本章主要讲解离港系统的组成及应用，要求学生能上机熟练操作航班数据控制子系统、值机子系统、配载子系统常用指令，包括基本指令、航班建立指令、限额指令、座位控制指令、航班显示指令、提取旅客记录指令、值机接收旅客指令、修改删除旅客记录指令、值机关闭指令、航班操作数据显示和修改指令、业载数据显示和输入指令、油量数据显示和修改指令、实际业载分布显示指令、装载表打印指令等。

自我检测与实训

一、简答题

1. 简述离港系统的组成及功能。
2. 简述值机过程的一般指令。
3. 简述航班配载过程的一般指令。

二、实训题

1. 在卡片上写明旅客姓名、身份、托运行李情况，让学生抽取卡片，并按卡片写明的情况在离港系统中办理值机手续。教师点评。

2. 在卡片上写明航班情况，让学生抽取卡片，并按卡片上的情况用离港系统给航班办理配载平衡。教师点评。

附　录

附录 1　小动物 / 导盲犬运输申请书

小动物/导盲犬运输申请书
Application for Pets/Seeing-Eye Dog Transportation

<table>
<tr><td>旅客姓名
Name of Passenger</td><td>航班号/日期
Flt No./Date</td></tr>
<tr><td>动物名称
Animal Variety</td><td>航程
Sector</td></tr>
<tr><td colspan="2">联运承运人同意证明
Permission of Successive Carrier(s)</td></tr>
<tr><td colspan="2">持有的旅行文件名称及编号
Certificate No.</td></tr>
<tr><td colspan="2">声明：旅客应对所托付的小动物/导盲犬承担全部责任，除海航原因外，在运输中出现的小动物/导盲犬患病、受伤和死亡，海航不承担责任。如果动物在任何国家、州或属地被拒绝入境或过境，对其受伤、丢失、延误、患病或死亡，海航不承担责任。
Declaration: The passenger shall assume full responsibility for the pets/seeing-eye dog. HAINAN AIRLINE shall not be liable for injury to or loss, delay, sickness or death of animal in the event that it is refused entry into or passage through any country, state, or territory.

旅客本人同意（签名）:
I agree（Signature):
日期:
Date:</td></tr>
<tr><td colspan="2">备注:
Remark:</td></tr>
</table>

附录 2 行李运输事故记录（PIR）

海南航空股份有限公司

HAINAN AIRLINES CO.,LTD

行李运输事故记录

PROPERTY IRREGULARITY REPORT(PIR)

A H L　P / L O S T　O H D　D M G

Airport 机场 Carner 承运人 Reference number 编号

Reference No.
查询编号

For inquiries
please phone
查询电话

中文名字

FR	编号 He Ref No		
NM	旅客姓氏 Passerger suname	1	►
IT	旅客名字缩写 Passerger-intias	2	►
TN	行李牌号码 Baggage Tag No	3	►
TC	类型和颜色 Type & Color	4	►
RT	需查询地点和 / 或航班	5	►
FD	航班 / 日期 Fight No./Dale	6	►
BI	商标外部特征 Brarid Name of Bag Distinctive Outside Icfentifcation	7	►
		7	►
CN	行李内容 Contents	8	►
		8	►
FI	运送指示附注 Forwarding	9	► F W D ►　► T A G / D E S T　► L / S ►

附 注 REMARKS

Class of travel
F C Y

客票号码 Ticker form and serial No.	发生事故的行李计数 / 重量 Pc(s) & Wr,of minfng/damaged bag	客票上行李总件数及重量 Total Pc(s)and Wr.of checked baggage as per ticket

合并交运行李的人数 Pooled passenger No.	逾重行李票号码: Excess baggage ticket No.	逾重重量: Excess weight	保险单号码: Insurance policy No.

旅客永久住址及电话号码 Passenger's permanent address and phone No.	旅客临时住址有电话号码 Passenger's temporary address and phone No. 直至 UNTIL	是否已赔偿 Compensation yes/No.

日期 Date 航站 Station	经手人签字 Agent's signature	旅客签字 Passenger's signature

本记录不涉及对任何责任确认 This report does not involve any acknowledgement of liability.	本记录自填开之日起 180 天内有效，另行李丢失 21 天后可申请索赔。This record valid within 180 days after agent's signature.

第一联：存根（白）　　第二联：旅客（黄）

附录 3　无成人陪伴儿童乘机申请书

无成人陪伴儿童乘机申请书（正面）
Unaccompanied Minor Application forms

乘机人信息 Minor's information 姓名 Name:　　年龄 Age:　　性别 Sex:　　母语 Languages spoken: 住址 Permenent address: 电话号码 Telephone No.: 其他联系方式 Other contacts:
航班详细资料 Flight details Information 航班号 Flight No.　　日期 date　　自 from　　至 to 航班号 Flight No.　　日期 date　　自 from　　至 to 航班号 Flight No.　　日期 date　　自 from　　至 to
始发站旅客送机人员（旅客亲属）信息 Person (relatives of pessengers)seeing off on departure 姓名 Name:　　电话号码 Telephone No.: 地址 Address:
经停 / 衔接站接送人员（旅客亲属）信息 Person (relatives of pessengers)meeting and seeing off at stopover point 姓名 Name:　　电话号码 Telephone No.: 地址 Address:
到达站接机人员（旅客亲属）信息 Person (relatives of pessengers) meeting on arrival 姓名 Name: 地址 Address:　　电话号码 Telephone No.:
到达站旅客接机人员（旅客亲属）签字 Signature for release of minor from airlines' custody

监护人申明 Declaration of parent guardian

1. I confirm that I have arranged for the above mentioned minor to be accompanied to the airport on departure and to be met at stopover point and on arrival by the persons named. These persons will remain at the airport until the flight has departed and/or be available at the airport at the scheduled time of arrival of the flight. 我确定我已经安排妥当以上所提及的事务，未成年人在始发站、经停 / 衔接站和到达站由我所确定的人员接送。接送人将保证留在机场，直至飞机起飞以后，以及按照航班时刻表所列的航班到达时间以前抵达到达站机场。

2. Should the minor not be met at stopover point or designation, I authorize the carrier (s) to take whatever action they consider necessary to ensure the minor's safe custody including return of minor to the airport of original departure, and I agree to indemnify and reimburse the carrier(s) for the costs and expenses incurred by them in taking such action. 如果未成年在经停 / 衔接站和到达站无人接应和陪护，我授权承运人可以采取任何必要的措施，以确保未成年人的安全，包括将未成年人运输返回始发站，我同意支付承运人可以采取这些措施时所产生的费用。

3. I certify that the minor is in possession of all travel documents(passport,visa,health certificate,etc.)required by applicable laws。我保证未成年人已具备相关国家法律要求的所有旅行文件（护照、签证、健康证明等）。

4. I, the undersigned parent or guardian of the above mentioned minor agree to and certify that the infomation provided is accurate. 我作为申请书所列未成年人的父母或监护人签字同意，并证明所提供的情况正确无误。

签名 Signature:

地址 Address:

电话 Telephone No.:

日期 Date:

附录4　各国（或地区）出入境规定*

中国香港特别行政区出入境规定

一、出入境规定

1. 旅客所持护照必须至少要有一个月（以旅客预定离港日期起算）的有效期。

2. 持中国护照、美国绿卡的旅客，若未订妥7天内赴美的机票，仍需凭港签入境香港。

3. 如果旅客因无所需证件或证件不全或证件过期等原因被拒绝入境香港，承运的航空公司将被香港当局罚款10 000港元。

4. 台湾旅客持有有效进出大陆的台胞证，且有续程机票，可无须签证在香港停留7天，如果无台胞证而持有中华人民共和国旅行证，则入境香港需签证及续程机票。

5. 伊拉克人无论是入境或是在香港转机均需要事先申请签证。

二、在港中转规定

1. 持中国因公护照的旅客在港转机，无论是否出境香港，均需出示旅客所在地外事办公室出具的过境香港的证明（常驻海外工作人员及在外留学生除外）。

2. 持在大陆前往台湾地区通行证的在港转机旅客，应具备有效的由台湾当局签发的入台许可证或复印件，以及订妥的赴台联程机票或复印件。

3. 持订妥7天内离开香港至有效签证国机票的中国公民，在香港转机可享受7天的TWOV（TRANSIT WITHOUT VISA）待遇。

三、其他

1. 香港机场当局对担架旅客提供有偿服务，担架旅客除事先办理有关手续外，还需支付机场当局2000港元。

2. 所有赴港旅客均无须接受接种。

* 仅供参考，实际工作中请参见具体规定文件。

德国出入境规定

申根协议（SCHENGEN AGREEMENT）国家：德国、法国、荷兰、比利时、卢森堡、西班牙、葡萄牙、希腊、意大利、奥地利。

申根国家规定：中国旅客持某申根国的签证，应先进入该国，然后才能在申根区域自由旅行；持申根国以外国家的签证，经申根国中转过境，经申根国区域内一个城市中转，可免过境签证，经申根国区域内一个以上城市中转的，必须事先办妥过境签证，否则，将遭到入境国当局的遣返（该规定适用于所有需事先办妥入境签证方可入境申根区域的非免签国家的公民）。

一、出入境规定

1. 旅客须持有效护照和签证（申根签证）。
2. 持短期签证的旅客，必须持签证有效期内的来回程机票。
3. 旅客持某申根国签发的申根签证，一般应先进入该国，然后才能在申根区域内自由旅行，因此，若旅客持法国签发的申根签证，应先进入法国，而当旅客持该签证从慕尼黑转机去法国时，则必须持有德国至法国的续程机票。
4. 旅客持有任何一申根国颁发的 OFFICIAL RESIDENCE PERMIT，可免签入境。

二、中转规定

旅客在德国转机不需要签证的情况如下。

1. 旅客出发或目的国均不是申根国。
2. 必须持有订妥的联程机票和目的国的有效证件。
3. 仅可以在德国境内中转，不得入境。
4. 必须在当日 24 时以前乘坐相同航班或第一个联程航班离境，且不得离开过境大厅（如果转机多个申根国，则必须持有转机签证）。
5. 在慕尼黑机场的中转时间大约为 90 分钟。

三、其他

1. 德国政府不承认巴勒斯坦政府签发的护照。
2. 持斯里兰卡等国护照的旅客，建议拒绝登机。
3. 非法承运将罚承运人 2000～5000DEM/人。

日本出入境规定

一、出入境规定

1. 持有中国护照的旅客入境日本时，须具备有效的入日签证。

2. 持 15 天短期签证的中国旅客须购买好定期返程机票。

3. 持 90 天短期签证的中国旅客须购买返程机票，可以不定期。

4. 多次出入境日本的中国旅客须具备有效的再入国境签证和外国人登录证。

5. 持台湾地区入境证明的旅客，应查验其日本政府签发的渡航证明书。

6. 新加坡居民身份证可代替护照使用。

7. 日本政府不承认朝鲜护照及海员证。

8. 日本政府不承认阿富汗及巴勒斯坦政府颁发的证件。

9. 文莱旅客赴日旅游可最多停留 15 天。

10. 持马来西亚、阿根廷或秘鲁护照的旅客，尽管可在日本办理 3 个月内的落地签证，但还是要求其应事先办好入日签证，否则极易遭到日本移民局的遣返；对那些未办理好签证的旅客，值机员必须严格把关，认真检查其回程或续程机票以及在日本期间所需的足够费用，以将遣返可能降至最低点。

二、在日中转规定

1. 旅客持有订妥联程机票及入境第三国的有效证件，原则上可免签证在日本停留 72 小时。

2. 旅客持有订妥联程机票及入境第三国的有效证件，当天转机且不离开中转大厅，可免签证（此规定同样适用于朝鲜、阿富汗及巴勒斯坦旅客）。

3. 中国旅客持前往美国或加拿大的有效签证，以及订妥的最早离开日本至前往国的联程机票，在日本 72 小时之内转机，无须日本过境签证。但需提醒旅客注意，无论持因私或因公护照，若不是当天转机离日，日本移民局将有可能对可疑旅客实行监管，监管费用由旅客本人支付；若旅客无力支付，则承运航空公司将不得不为其垫付。

参 考 文 献

海南航空股份有限公司，2013. 海南航空股份有限公司旅客、行李国内运输总条件［Z］.

綦琦，2012. 值机业务与行李运输实务［M］. 北京：国防工业出版社.

人力资源和社会保障部，2014. 民航客运员国家职业技能标准［S］.

孙维琦，2004. 生产运作管理［M］. 北京：机械工业出版社.

田静，2007. 机场服务概论［M］. 北京：中国民航出版社.

田英，黄辉，夏维力，2005. 生产与运作管理［M］. 西安：西北工业大学出版社.

万青，2004. 飞机载重平衡［M］. 北京：中国民航出版社.

夏洪山，2012. 现代航空运输管理［M］. 北京：科学出版社.

张晓明，2007. 民航旅客运输［M］. 北京：旅游教育出版社.

赵影，王卉，张玉，2014. 民航旅客运输［M］. 北京：人民交通出版社.

中国国际航空股份有限公司，2009. 中国国际航空股份有限公司旅客、行李国内运输总条件［Z］.

中国民航信息网络股份有限公司，2004. BSP 电子客票用户操作手册（Version 1.3）［Z］.

中国民航信息网络股份有限公司，2004. 航空公司电子客票操作手册［Z］.

中国民航信息网络股份有限公司，2013. 中国民航离港系统操作教材［Z］.

中国民航总局，1996. 中国民用航空旅客、行李国际运输规则［Z］.

中国民航总局，1996. 中国民用航空旅客、行李国内运输规则［Z］.

中国南方航空股份有限公司，2013. 中国南方航空股份有限公司 ICS 电子客票操作手册［Z］.

FAA，2007. Aircraft weight and balance handbook（FAA-H-8083-1A）［S］.